主よ、用いてください

召命から献身へ

林 牧人
川上 善子
福万 広信
薛 恩峰
立石 真崇
大嶋 重徳
瀧山 喜与実
榎本 恵
酒井 陽介
有住 航
竹村 眞知子
澤田 和夫
三河 悠希子
内藤 留幸
岸本 光子
齋藤 友紀雄
高原 三枝
小嶋 三義

堀川 樹
廣石 望
老田 信
田中 文宏
三木 メイ
井手口 満
野口 忠子
佐藤 真史
陣内 大蔵
矢田 洋子
野田 沢
森 言一郎
山口 政隆
筒井 昌司
明石 義信
森 一弘

日本キリスト教団出版局

まえがき

林《はやし》　牧人《まきと》
東京・西新井教会牧師
『信徒の友』編集長

神は言われた。「わたしは必ずあなたと共にいる。このことこそ、わたしがあなたを遣わすしるしである。あなたが民をエジプトから導き出したとき、あなたたちはこの山で神に仕える。」（出エジプト記３・12）

モーセは、重い苦役にあえぐ同胞のヘブライ人を救おうと、エジプト人を殺《あや》めてしまいました。ヘブライ人でありながらファラオの娘の子として育てられ、苦役から逃れていたことに引け目を感じながらも、その地位と立場を最大限に用いて、同胞を救うことができると気負っていたのかもしれません。

しかし、その企ては失敗に終わります。それはなんと、モーセが助けの手を差し伸べたはずのヘブライ人同胞の告発によるものでした。それどころか、彼はファラオの娘の子としての地位も立場も失い、エジプトを追われ、ミディアンの地に逃れることになります。ミディアンで羊を飼う者となったモーセはある日、不思議と燃え尽きることのない柴に心惹かれ、道をそれて近づいてみると、主なる神が呼びかけます。「モーセよ、モーセよ」と。神はモーセに「わたしは降って行き、エジプト人の手から彼らを救い出す」と宣言されます。そして「今、行きなさい。わたしはあなたをファラオのもとに遣わす」と命じられるのです。

もちろんモーセは躊躇《ちゅうちょ》します。「わたしは何者でしょう」。エジプトでの苦い経験が心をよぎります。かつてファラオの娘の子の地位と力をもってすればと思い上がり、失敗したどころか全てを失い無力になってしまった自分に何ができるというのか。さらに、家庭を持ち、穏やかに暮らす今を手放すことに迷いがあります。モーセは相変わらず、自分の力を自分で推し量っています。そして、自分の決意と思いが挫折した地点から前に進むことができていないのです。これは、自分の力と良きことへの熱意が同胞を救うと気負っていたことの裏返しに過ぎません。そして、自分で築いた居場所にこそ平安があると思っているのです。

しかし、神は言われます。「わたしは必ずあなたと共にいる。このことこそ、わたしがあなたを遣わすしるしである」と。モーセが自分の思いや決意ではじめることではない。自分で推し量った力で成し遂げられるかどうかが決まるのでもない。主なる神が「モーセよ」と名を呼んで召し出し、神ご自身が共にいることで、神の御業に与《あずか》っていくのです。

さらに、モーセの召し出しは、彼自身の中では完結することはありません。神は「あなたが民をエジプトから導き出したとき、あなたたちはこの山で神に仕える」と宣言されます。「あなた」と呼ばれるモーセの召命は、神の民イスラエル全体に関わるものとして、彼と民全体が共に一つとなって「あなたたち」と呼ばれるようになってはじめて全うされるものなのです。

「献身」は誰でもすることができる。自分の熱意と思いとをたぎらせながら、自《みずか》らの信念に依るところの良きことのために「自分自身を献《ささ》げる」ことは、必ずしもキリスト者の特権ではないのです。しかし、「召命に応える」ことは、誰もができることではない。神の御業に参与することができるのは、神に呼ばれた者、しかも、その召し出しに応える者でなければならない。「神に呼ばれた」者が、自分の信念や熱意に依るのではなく、自分自身の持つ力を推し量ることでもなく、ただ「主よ、用いてください」と応えることなのです。あくまでも「わたし」がするのではなく、神御自身が用いてくださることにのみ依るのです。

さらに、この「召命」は、キリスト者の共同体と共有されてはじめて全うされるのです。主なる神によって召し出された者を、教会共同体を形づくる一人ひとりのキリスト者が、神が遣わされた者と信じて受け入れるときにこそ、「召命に応える者」は、遣わされる者と遣わす方との関係の中に、さらに、主イエスと父なる神そして聖霊なる神との関係の中に招かれ、生きることができるのです。

『信徒の友』誌上にて連載していた「神に呼ばれて」に書き下ろしを加えて、「主よ、用いてください」と召命に応えた人々の物語を書籍にすることができました。一人ひとりには、モーセのような躊躇もあり、気負いも失敗もあったかもしれません。そのかけがえのない物語をそのまま神の出来事として共有することのできる幸いを感謝しています。

主よ、用いてください　召命から献身へ ✝ 目次

第二章　導きを信じて

第三章　葛藤の向こうに

装幀：ロゴスデザイン　長尾優

第一章　受け継がれた道

「断絶と継承」。そして、「にもかかわらず」の召し

川上《かわかみ》善子《よしこ》
東京・大久保教会牧師
※写真は『信徒の友』掲載時

道半ばで自《みずか》らを語ることや、神さまとの秘密である内なる事柄を言葉にすることに躊躇《ちゅうちょ》を覚えますが、証しとして書かせていただきます。聖書の示す、「にもかかわらず」という逆転の受け止め方と「継承と断絶」が私のテーマなのかもしれません。私は三代目の牧師ですが、三代目にもかかわらず御用に召していただいた、と思うのです。

母方の祖父が牧師で、戦時中には弾圧による投獄経験がありました。祖母は結婚の際に実家から勘当され、その時養父となった牧師は弾圧で獄死をしました。また、小学生だった母が、神社参拝を拒んで教師にビンタをされた話等を、幼い時から聞かされたことは継承の一つです。

私が生まれたころの母は牧師夫人で、母を含む六姉妹は牧師と牧師夫人でした。一つの

教会で祖父母と母の姉妹たち、そして父、と牧師に囲まれた私は「女性牧師」という表現を知りませんでした。女性が牧師で当たり前でした。四歳上の兄も私もいつのまにか「大きくなったら（神さまの）御用をする」と思っていました。とはいえ、後に成長に伴って「御用」についての思いは変化します。どのような形であれ容易ではないと感じて、自分にできるだろうかと不安を抱いたり、重荷になったりしつつも、「御用のために」の意識は心の奥に在り続けたのです。

環境が激変したのは両親が志を得て独立し、大久保伝道所を設立した時です。大教会の門内で世界が完結していた子どもが「普通の世間」に出たのです。礼拝は貸会場で、牧師館はアパートの一室です。その時、幼い目の高さから感じたことは多く、大人たちの行動や気持ちに敏感になりました。内心は今より大人びていたかもしれません。世間的には、クリスチャンが少ないことを実感します。公立の幼稚園以後、級友や教師たちの反応を通じて、日本社会が抱くキリスト教への異質感を肌で感じました。からかわれて「信教の自由があるんだから」と言い返し、信仰を守る意地が逆に育った気もします。日曜には共に過ごす方々の眼差しに育《はぐく》まれ、ご近所づき合いも知りました。

しかし独立直後に発病した父は十一年の闘病生活を経て五十歳で召されました。机に向かっている背中や、床の中で広告紙の裏に説教の下書きをしている姿を思い出します。父は初代の激しさで信仰と聖書にとらえられ、しがみついた人でした。渡辺善太先生を尊敬し、病で活動は制限されましたが、説教と印刷物の文章に（母がガリ版をきって）命を賭《か》けていました。

私が洗礼を受けたのは父が召される前年でした。反抗期中でしたが自分なりに考えました。家がそうだからというのではなくて、自分に選びの決断があるかどうか。しかし過度に自分の意思を強調すると、この環境に置いてくださった神さまを拒む「自力」になりはしないか等々。信仰の継承と、一旦《いったん》意志的に断絶することについて思い巡らした十代でした。母は父の亡き後すぐに牧師をめざし、翌春には、当教団の教師認定試験の、独学でも受けられるコースと日本聖書神学校を同日に受験する猪突猛進ぶりでした。これ以後の母の苦闘を通して私は、学びの厳しさと「女性牧師」を巡るさまざまな事柄を知ります。覚悟と同時に、母のようにはできないと自分の在り方を模索し、身体の弱さとも闘いながら、ついに神さまの糸に引かれるように神学生となりました。しかし先に東京神学大学を卒業した兄が、留学半年目に突然死で召されたのです。私は東京神学大学四年でした。これだけは神さまのまちがいだと思いました。私のほうが弱い器で、兄は期待される人でしたから。

その後も長らく「私でいいのか」の思いは、大久保教会に牧師として迎えられてからも疼《うず》きました。黙って見守ってくださった方々の祈りに支えられ、ようやく自分なりの方向性を見いだしたころ、母が病に倒れて今に至ります（その後、二〇一二年に永眠）。非力さを切実に感じながら、ありのままで前進するしかありませんでした。説教と看病に余裕をなくして、牧会的な配慮を欠き、人を傷つけもしました。周囲の忍耐はいかばかりでしょう。しかしまさに「にもかかわらず」神さまは、いつも待ったなしの日々を与えて、弱い器を鍛え続けてくださるようです。

二〇〇六年に牧師館（借家）が類焼した際には多くのお支えをいただき感謝でした。『信徒の友』の「日毎の糧」の祈りの欄によって、避難先に（転居先が未定な時期でした）続々と届いた祈りの束に励まされました。その節はご返信できずにおりましたことをお詫びし、この場を借りて御礼を申し上げます。

父のいのちと引き換えに与えられた私の道

福万《ふくまん》 広信《ひろのぶ》
関西学院初等部宗教主事

　父が自宅を開放して開拓伝道を始めたのは、私が小学四年生の時でした。サラリーマンとして会社勤めをしながらの開拓伝道、苦労が多かったと思います。日曜日になるとリビングの正面に講壇を置き、ソファーを並べ替えて礼拝の準備。礼拝が始まる三十分ほど前になると玄関の外に立ち、じっと来会者を待つ父の姿を今でもよく覚えています。

　礼拝開始時刻になっても誰も来ず、私と母がソファーに座り、親子三人だけの礼拝を始める……。そのような日曜日がずいぶん長く続きました。今だからこそ、両親の開拓伝道に対する熱い思いや祈りを理解できますが、当時はそのようなことは理解できませんでした。来会者が与えられないという現実の中で、何か月も家族だけの礼拝を守り、伝道の困難を感じながらも神さまの確かな導きを信じて両親は礼拝を守り続けたのだと思います。

最初の来会者が与えられた時の喜びはどんなに大きなものであったでしょうか。

時がたつにつれ、教会は少しずつですが成長していきました。私も小学生のころは教会学校に出席することが当たり前だと思っていましたが、中学生ごろから次第に教会から心が離れていきました。それまで純粋に信じていた神さまの存在に疑問を持つようになったのが一つの理由です。親への反抗もありました。

高校三年生になり卒業後の進路を決める時期がやってきました。父は私に神学部に入学し、いずれは牧師になってほしいと願っていたようですが、私には当然そのような気持ちはなく、むしろ牧師にだけは絶対になるまいと心に決めていました。苦労している父の姿を見ていたこともありましたし、できるならば教会から距離を置きたいとすら思っていたほどでしたから、神学部に進学して牧師になるなど考えもしないことでした。

その年の八月、突然父は病に倒れました。勤めていた会社を定年退職してすぐのことだったと思います。検査の結果即入院となり、それから数日後、母から涙ながらに父の命があと二、三か月であることを知らされました。その時は本当に信じられない思いで、涙が溢れて止まりませんでした。父を奪おうとする神さまを恨む思いと、何とか父を助けてほしいという思いが入り混じった、言葉にはならない祈りしかすることができませんでした。夜になると毎晩のように隣の部屋から私の前では決して泣くことのなかった母の泣き声が聞こえてきました。母の泣き声が聞こえるたびに何とも言えない気持ちになり、また父が失われる悲しみがこみ上げてきて、私も布団の中で涙を流す日々が続きました。

時間がたつにつれて、父の容態は悪化していきました。しかし、父は毎週土曜日には家に戻り、礼拝の準備をし、日曜日には教会で説教をしました。時にはベッドから自分で起きあがることができないほど体調が悪く、主治医から外出を禁じられながらも、ほぼ毎週説教し続けました。言葉では言いませんでしたが、父はそのような姿を私に見せることによって、牧師として働くことの意味、そして牧師として生きることは、まさに命を懸けるに値する仕事であることを私に教えようとしていたのではないか……いや神さまが父を通してそう私に語りかけてくださったのではないかと思います。

父は召される二日前まで講壇に立ち続けました。父の最期の姿を通して、私はできることならば牧師として歩んでいきたいと思うようになりました。もしあの時期に、父が天に召されるという出来事がなければ、私はおそらくその道を選んでいなかったと思います。

父の死は、確かに辛《つら》く悲しい出来事でしたが、神さまは父のいのちと引き換えに、何ものにも代え難い新しい道を私に与えてくださったのです。「与え、奪う主」は「奪い、また与える主」でもあるということを実感しています。

神学校を卒業し、教会の牧師として十五年、そして今はキリスト教学校の宗教主事（チャプレン）として子どもたちに福音の恵みを伝える働きを担っています。土の器である一人の人間が、神さまの大切な働きを担う責任の重さを改めて実感していますが、このような者をもご用のために召し、支えてくださる神さまの恵みに応えて、これからも誠実に歩んでいきたいと願っています。

文革渦中で見た両親の信仰。今は日中の架け橋に

薛 恩 峰《しゅええんふぉん》

桜美林大学チャプレン・専任講師

掲載当時＝日本クリスチャンアカデミー本部事務局長

文化大革命時代、「宗教は人民のアヘン」と認識され、国家権力は極左路線に走り、暴力的手段をもって国民の宗教活動を迫害しました。私の少年時代は文革の渦中にありました。国内の他の教会同様、父の教会も例外なく閉鎖されていました。家宅捜査を受けて、父の蔵書等はことごとく燃やされました。教会を奪われ、つるし上げられた両親は、辛酸をつぶさになめました。牧師の子であるために、いじめられたり、差別されたりすることが、私たち兄弟には珍しいことではありませんでした。ある時、隣人の密告により、兄の明るい前途が断たれたのを知った私たち兄弟らは、怒りを抑えきれず力で仕返しをしようとしました。しかしその時、両親から「苦しいだろうが、復讐は決してしてはならない。神さまはすべてを見ておられるから」と戒められました。

どう考えても納得のいく話ではありませんでした。ところが、後に、悪を放棄することは悪の循環を断ち切る唯一の道だと悟った時、イエスの教えを忠実に守った両親の姿がとても微笑ましく、強いものだと感じました。人間が互いに闘争を激しく繰り返したあの時代にもっとも必要な考え方だったのではないでしょうか。この体験を通して、両親の信仰を引き継いで生きようと、私は心に決めました。

時は流れて一九八四年九月、私の勤務先に、関西キリスト教親善訪中団（日本クリスチャンアカデミー企画）が来訪しました。「日本人のクリスチャンだ」と珍しさに驚くと同時に、親近感も湧いてきました。

「日本語の聖書をお持ちですか」

「持っていますよ」

「見せてくださいませんか」

「どうぞ、これです。本日の記念にこの聖書を差しあげます」

「本当ですか、ありがとうございます」

独学で日本語を身につけた私と、訪中団団長の小野一郎牧師（元平安教会牧師）と、このような会話を交わしたものでした。

それから二か月ほど経ったある日、訪中団団員だった小島規似郎《きじろう》さん（故人・元梅花《ばいか》教会員）から、「同志社大学神学部で学ばないか」との手紙が届きました。まったく予期しない形で、日本留学への道が拓《ひら》かれました。一九八六年四月九日、人民服姿の私は伊丹空港に降り立ちました。奇跡のようでした。しかしそれは、すべて「ゼロ」から出発しなければならない生活のはじまりでもありました。「昔、遣隋使や遣唐使が、中国に大変お世話になりました。今度はこちらがお世話しましょう」と小島さんと小野牧師は、無一文の貧しい留学生だった私のために道を作り、橋を架けてくださいました。さらにありがたいことに、学ぶための奨学金も久保正一・ノブご夫妻（故人・元平安教会員）から約束されました。

同志社大学大学院神学研究科博士前期課程修了後、伝道師になって最初に移り住んだ神戸で一九九五年阪神淡路大震災に遭い、妻の助けを得て、タンスの下から命からがら脱出することができました。同年八月に長男が無事に誕生し、生き残ったことへの感謝の念をこめて、天佑《てんゆう》と命名しました。

震災後、勤務先の甲東教会は、遺体安置所と避難所になりました。当時、我が家を失った多くの方々が教会で避難生活を余儀なくされました。以来、避難所に半年間泊まり込み、リーダーとして救援活動に励みました。地域と教会の関係を考える貴重な体験でした。

四谷新生教会牧師・四谷新生幼稚園園長時代、大震災から得た経験と教訓を生かし、「すべての人が神に招かれている」ことを、地域の方々にこそ知っていただきたいとの強い思いから園庭で青空太極拳教室（太極新生会）を開き、地域の人々との接点を求めました。その働きが実り、四十人を超える方々が集うようになりました。交流が進むにつれて、幼稚園の教育事業を支援するボランティア活動が太極新生会から生まれ、情操教育の一環として園庭に花や野菜を植えたり、登降園時の安全確保と交通指導を行《おこな》ったりするようになり、保護者の好評を博しています。教会が地域に受け入れられるには、料理教室でもよい、語学教室でもよい、とにかく門戸を開くことではないでしょうか。

日本人キリスト者との出会いは、私の歩みを牧師へ導く出来事となりました。異国の地で多くの素晴らしい出会いが与えられたことを誇りに思い、感謝の気持ちで一杯です。微力ながら、今後も両国の教会と、両国の人々の相互理解と交流を深める機会を、己の足元から増やしていきたいと願っています。

人には救いが必要なのだ、と強く迫るものを覚えました

立石《たていし》 真崇《まさたか》
救世軍・神戸小隊小隊長
掲載当時＝西新井小隊小隊長

自分の信仰のルーツをたどると、母方が奄美諸島・徳之島において信仰に導かれたことから六代を数えます。私を救い、召してくださった神は、私の信仰の歩みに、長い年月にわたる家族への導きと恵み、また多くの祈りを与えてくださいました。

さて、親類の多くは日本基督教団において教会生活を送っています。祖父も数年前に隠退しましたが、教団の教師として札幌で開拓伝道をしました。そのような中で「救世軍」に属するようになったのは、両親とある救世軍士官（教職者）との出会いがきっかけでした。

救世軍は十九世紀後半の英国において、社会の底辺で苦しむ人々のための伝道から生まれた教派で、伝道と奉仕を信仰生活の両輪として重んじます。この出会いに神の導きを覚

えた両親は転会、当時すでに私を含めて五人の子どもがいましたが、やがて士官として献身しました。

両親の献身により生活は大きく変わりました。両親は「制服」を身に付け、「小隊長（牧師）」、「小隊長夫人」と呼ばれるように、日曜日は「出かける日」から「迎える日」に、幼いころ連れられて行った札幌北光教会の印象でもある「教会」の厳《おごそ》かさは、「小隊」の質朴さへと替わりました。また、遣わされた小隊は規模が小さかったこともあり、野戦（路傍伝道）、家庭集会、子ども会、バザー、聖日準備の掃除、街頭生活者への食事や衣服の提供など小隊の営みが家族の営みとなりました。たとえば野戦では、父は太鼓と説教、母は賛美と伝道トラクト配布、子どもたちは御言葉を書いた看板を持ち、賛美に合わせてラッパを吹き、タンバリンを叩くといった具合です。クリスマスや年末には街角に立ち、「社会鍋（募金）」を呼びかけました。

小中学校のころは、「救世軍の子」であることをからかわれることがよくありました。イエス・キリストを信じることは揺らぎませんでしたが、信仰をもってどう生きるかを子どもながらに考えさせられました。その時も、家族の祈りと奉仕の暮らしが支えとなりました。そして自分も神のために働きたいと願うようになりました。小さい、しかし確かな献身への一歩でした。

大学では心理学を専攻しました。人の心を探求する学びは充実したものでした。しかし、次第に、心の問題をとらえ、解決に努めることはとても大切だが、人が真に命を生きることとは別である、救いが必要なのだ、と私の内に強く迫るものを覚えるようになりました。まず自分自身が神の御前にどう生きるかを問われました。そしてある祈りの中で、次の御言葉に心をとらえられました。「わたしに従いなさい。……人は、たとえ全世界を手に入れても、自分の命を失ったら、何の得があろうか」（マタイ16・24―26）、「命を与えるのは〝霊〟である。……わたしがあなたがたに話した言葉は霊であり、命である」（ヨハネ6・63）。御言葉によって、キリストに結ばれ、生かされているという救いの恵みを確かにされて感謝するとともに、次に進みなさい、この恵みを伝えなさいと背中を押されました。

大学を卒業した一九九四年、聖書を深く学びたいという願いと祖父の助言から、東京神学大学を志望し、編入学しました。神学を学び、キリストの体である教会の豊かさに目を開かれる四年間を過ごさせていただきました。またその間、神は、同じ召命に応える妻との出会いも導いてくださいました。祈りと伝道のパートナーを与えられて、二〇〇一年より二人で士官として奉仕しています。

救世軍ではふだん制服を着て奉仕します。御言葉の奉仕の時も、ラッパを持って街に立つ時も、施設、病院、刑務所、街頭生活の人々がいる所、災害の現場といったさまざまな奉仕に向かう時も同じ姿です。自分がキリストを身にまとわせていただいたしもべであること（ローマ13・14）、また、すべての人に対してすべてのものになる（Iコリント9・22）との伝道者の姿勢を確認し、また表明して日々の働きに向かっています。

働きの中には、壁にぶつかり悩むこともあります。しかし、主は変わることなく御言葉を与えて、力づけてくださるがゆえに、これからも主の御声に聞き従いたいと願っています。

高校時代の祈りを忘れなかった神さま

大嶋《おおしま》 重徳《しげのり》
キリスト者学生会（ＫＧＫ）総主事
日本福音自由教会協議会・嶋ヶ谷福音自由教会牧師

母がクリスチャンで、幼いころから姉と妹と共に教会に連れて行かれました。自覚的な信仰の告白をしたのは中学一年生の、教会の夏期キャンプのときでした。

その決心をした私に母が言いました。「あんたクリスチャンになったんやから、教会の元旦礼拝に行くんやろ。そのことをお父さんにちゃんと言いや。お父さんと勝負しいや」。当時大嶋家では、元旦になると長男である私と父が一緒にお寺参りをするしきたりがあったのです。しかし怖い父でしたのでなかなか言うことができず、ようやく大晦日の夜に「明日は元旦礼拝に行きたい」と父に伝えました。

父の答えは、「お前はまだ俺が育ててるんや。今は俺の言うことを聞くべきや」でした。私は涙を流しながら「僕が生まれて初めて自分で決めたことや。もし間違っていたら引きずり戻していいけど、今決めたことを信頼してくれへんかな」と一生懸命言いました。父はしばらく黙ったあと、「行っていいぞ」と言ってくれたのです。

しかしその後、中学三年生になって受験勉強が始まりました。母も教会の人も「神さまに委《ゆだ》ねや」と言います。私は「神さまに委ねてどうなるんや」と苛立ちを覚えるようになりました。懸命に勉強すると偏差値も上がります。「なんだ、神さまに委ねるよりも結局は自分の力じゃないか」と思うようになったのです。聖書も疑わしく感じ、やがて教会から離れていきました。

そして迎えた受験当日。自分の手応えに自信を持って帰ってきましたが、その日の夜に解答速報を見てびっくりしました。大きなミスをしていたのです。「ダメだ、受験に失敗した！」。激しく落ち込みました。翌朝、そんな私の姿を見た母からの手紙が机の上に置いてありました。

励ましてくれるのかと思ったらそうではありません。書かれていたのは聖書のみ言葉のみ。一番最初の「義人はいない、ひとりもいない」から始まって、「私には、自分のしていることがわかりません」など、ローマ書の抜粋がずっと続いていました。

「励ませよ！」と突っ込みたい思いがありながらも、私はこれらの言葉を読む中で、ここには自分の姿が書かれていると感じました。いつも強がっているけれど、実は弱い自分の姿が。そのとき教会学校で覚えたイザヤ書の言葉を思い出しました。「わたしの目には、あなたは高価で尊い。わたしはあなたを愛している」。こんな罪人を愛してくださる神さまのことを思いました。そして泣きながら「神さま、まだあなたがいるかどうかわかりませんが、信じてみます」とお祈りをしたのです。

こんな波乱の受験でしたが幸い進学し、その後入学した大学では学生伝道団体であるキリスト者学生会（ＫＧＫ）に加わりました。その活動で友人が神さまを信じる姿を目の当たりにすることを通して、自分の力ではなく、み言葉に立つことを学んでいったと思います。またその一方で、教員になることにも魅力を感じ始めていました。

実は、高校時代のバイブルキャンプでイザヤ書６章の「だれが、われわれのために行くだろう」というメッセージを聞き、「神さまが用いてくださるなら生涯お仕えします」と献身の祈りをした経験がありました。

しかし大学で教育を学ぶなかで、教師になりたい思いも増してきました。そして祈ることもせずに教員試験を受けようとしたのです。そんなときです。聖書を学ぶ中でエゼキエル書16章60節の言葉「わたしは、あなたの若かった時にあなたと結んだわたしの契約を覚え、あなたとこしえの契約を立てる」が迫ってきました。神さまはかつて高校生のときに私がした献身の祈りを覚えていてくださったのです。

自分が握りしめていた教師への思い。それを捨てて献身者として歩むようにと促す神さま。その狭間で苦悩し、涙ながら降参しました。大学四年の春のことでした。

その年の秋、ＫＧＫの主事にならないかという話がきました。思いもよらぬことでした。未信者の父親になんと話したらいいだろうかとの迷いもありました。父の悲しむ姿を見るにつけ、「親をここまで悲しませることが神さまの道だろうか」と、幾度もわからなくなりました。

しかし、その迷いの中で献身へと立たしめられたのは、あのエゼキエル書のみ言葉でした。今は未信者の父も理解をしてくれ、私は父からもまた伝道の現場に送り出されていることを誇りに思っています。

〔聖書の引用はすべて『聖書　新改訳』です〕

いつか終わる生涯
自分のやることは何か

瀧山《たきやま》 喜与実《きよみ》
秋田・鷹巣教会牧師
幼保連携型認定こども園
しゃろーむキリスト教主事

この体にはいつか終わりが訪れます。

「生涯現役牧師」と宣言していた父は、皮肉にもその言葉どおり、福島新町教会の主任牧師であった五十八歳のときに、地上の歩みを終えました。おっちょこちょいで、子煩悩で、人と話すのが大好きで、病院が大嫌いな、子どものような人でした。私の大学卒業を殊のほか喜んでいた父は、その日の夕方、不整脈による発作で天に召されました。四日後にはイースターを控えており、急逝した父に代わって副牧師の母が講壇に立ちました。副牧師といっても、説教をするのはもっぱら父であったため、私はそれまで母が講壇に立つのを片手で足りるくらいの回数しか見たことがありませんでした。メッセージの内容は覚えていませんが、礼拝堂のダイヤガラスからこぼれる光を浴びながら、まっすぐ前を見て語った母の姿が目に焼き付いています。

私の両親は日曜日になると張り切る夫婦でした。母は、日曜は特に朝早くから賛美歌を歌っていました。布団に潜っていると、だんだんその声が近づいてくるので飛び起きたものです。私にとって母の歌う賛美歌は、子守歌ではなく目覚ましでした。父は「牧師は最高の仕事だ」が口癖で、説教について尋ねると話が止まらなくなる人でした。

「牧師になるように」と言われた覚えはありませんが、私はいつのころからか「牧師以外の人生は自分にとって不自然なこと」と感じるようになりました。「いつかは献身しよう。それまで好きなことをしよう」と思っていた私は、父を亡くし「今がその時」と決心しました。早速願書を取り寄せ、*Cコース受験をすべく東北教区の面接に向かいました。委員の方々の答えは「君はまだ若い。神学校に行くなら推薦する。勉強しなさい」でした。思い出すと赤面するばかりですが、何もわかっていないことすらわかっていなかった当時の私は、ぷりぷりと怒りながら家路に着きました。

福島の家を離れるのは忍びなく、私は神学校に行くのを先延ばしにして近所の塾に就職しました。仕事は楽しく、穏やかな毎日でしたが、心のどこかで「こんなことをしている

＊日本基督教団の教師検定試験のうち、独学や、教団の認可神学校でない他教派の神学教育機関を経て試験を受けるコース

場合ではない」という焦りがありました。それでも思い切ることができず、「あと一年」を繰り返し、六年が経ちました。

そして、東日本大震災が起こりました。

三月十一日は何の変哲もない一日のはずでした。いつもと変わらずに家を出て、いつもと変わらずに職場の掃除をし、いつもと変わらずに授業の準備を始めた午後二時四十六分、大きな揺れと共に全てが変わりました。帰宅指示が出て家に帰ると、母は礼拝堂の掃除をしていました。自宅はめちゃくちゃなままでした。「日曜は礼拝できるかしら」と案じる母を見て、「この人は本当にそれしかないのだ」と唖然《あぜん》としました。父が急逝した後、泣きながらも礼拝の心配をし、突然の地震の後も礼拝の心配をしている母の姿に、ぶれない牧師の召命を見ました。

新聞やニュースでは、亡くなられた方の報道が連日なされました。自分より若くして亡くなった方々の名前をなぞりながら、私は強烈に自分の死を意識しました。どの人も、いつもと変わらない一日を過ごしていたはずです。しかし、いつもと変わらない一日は、永遠に続くものではないのです。

この体にはいつか終わりが訪れます。「いつか」は必ずやってきます。それも突然に。自分の死を意識する中で、私は死ぬ前にやりたいことを考えるようになりました。死ぬ間際に、自分の頭に浮かぶのはどんなことかと考えたとき、答えは明確でした。

「わたしはあなたを母の胎内に造る前から　あなたを知っていた」（エレミヤ書1・5）

神学校を卒業し三年が経ちました。鷹巣教会は三年間無牧だったので早めに赴任し、二〇一六年三月二十七日から講壇に立っています。この日は奇しくもイースターで、講壇に立った母の姿が浮かんできました。教会員七名の小さな群れですが、お一人お一人が教会と牧師を支え、共に伝道と奉仕に励んでくださっています。こども園「しゃろーむ」でもキリスト教主事として大切にしていただき、様々な心遣いに慰められています。地区や教区をはじめ、たくさんの方々に祈り支えていただいていることを感じております。何も持たない者だからこそ、主の恵みが示されることを体験しております。

「神の恵みによって今日のわたしがあるのです」（Iコリント15・10）。共におられる主に依り頼みつつ、与えられた今日一日の務めに励みたいと思います。

偉大な父の影を越えて自分らしく生きる

榎本《えのもと》 恵《めぐみ》
アシュラムセンター主幹牧師

私が今牧師として携わっているのは、キリスト教超教派のアシュラム運動と言います。戦後間もなく、日本宣教に来られたアメリカ・メソジスト教会宣教師スタンレー・ジョーンズ博士によって紹介された「祈りとみ言葉への聴従」を旨《むね》とする運動です。

父榎本保郎《やすろう》が、今治教会を辞し、琵琶湖畔のこの地で、アシュラム運動に専心するため拠点を定めたのは一九七五年。それから、わずか二年後、五十二歳で天に召されたのです。父は戦後間もなく、京都の地で開拓伝道を始め、八面六臂《はちめんろっぴ》のその働きは「ちいろば牧師」の愛称で呼ばれ、三浦綾子の『ちいろば先生物語』で紹介されたことによって、多くの人々に知られています。

二〇〇七年、私は父の残したアシュラムセンターの三代目主幹牧師として、ここ近江八幡へ帰って来ました。けれども、決して平坦の道をやすやすとやってきたのではありませんでした。むしろ、曲がりくねり、時には折れそうになりながら、ようやくたどり着いたと言った方がふさわしいものだったのです。

先日、古い『アシュラム誌』をひっくり返していたとき、偶然こんな文章を見つけました。ちょうど、父が召されて三年目、私が牧師になることを志し、同志社大学の神学部に入ったころのものでした。「父のことを想うと、ぼくはいつも今治で歯医者をしておられたU先生の言葉を思い出す。『メー坊（私のこと）を見てると、かわいそうになるわ。ぼくも、父親が歯医者していたけど、いつも老先生の方がじょうずやったと、いわれたもんや。二代目はほんまかわいそうや。』この言葉はまだ小さかったぼくには不思議な響きをもって聞こえた。そして、夜、ふとんの中で、自分のかわいそうな姿を想像しては、訳もなく涙が溢れてきた。しかし、最近、この漠然としていたかわいそうさが現実味を帯びて自分に迫ってくるのを感じるようになった」（『アシュラム誌』一九八一年七月号「父のこと」より）。

今から三十八年も前のものですから、書いた内容はもちろん、書いたことさえ忘れていたのに、読み返してみるとあのころの、胸の押しつぶされそうになる想いと共に、その記憶が鮮明によみがえってきます。

父が亡くなったのが高校二年生のとき。長男として私は、周りも自分自身も後継者として牧師になることを当然のことと思っていました。しかし、事はそう簡単ではないことは、誰の目にも明らかでした。

私は、大学卒業と同時に牧師の道へは進まず、山奥の障害者施設、カンボジア難民であふれかえっていたタイ難民キャンプ、そして米軍基地問題で大揺れの沖縄へと、父親の呪縛から逃れるように、あちらこちらを転々としたのでした。

しかし、今になって思い返すとき、それらの経験は皆、私にとって大変大事な揺籃《ようらん》期だったのだと思います。私は、そこで初めて「祈りとみ言葉への聴従」は、書斎の中の机上の空論ではなく、しっかり地に足をつけたものであることを悟ったのです。

敷かれたレールの上を走らず、本当の自分はと「自分探し」を続ける旅は、時として、「自分迷いの旅」になってしまう危険があります。壁にぶつかり、頭を打ち、苦労に苦労を重ねるうちに、正直、そんなことがどうでもよく思えてもきました。

しかし、その行き詰まりのようなどん底の中で、私は、私が探しているのではなく、私を探している方に出会うことができたのです。「まだ遠く離れていたのに……息子を見つけて、憐れに思い、走り寄って首を抱き、接吻」（ルカ15・20）してくださる父なる神に。そして今、こうして牧師として、また父の残した働きを受け継ぐことができたのです。

読者の皆さんの中にも、二世や三世の牧師と言われる方、また二代目、三代目のクリスチャンがおられることと思います。もちろん、すべての人が、私と同じような経験を持つとは決して言えません。けれども、よく考えてみれば私たちクリスチャンは皆、偉大な父親を持つ子どもなのではないでしょうか。その父親を前にして時に反抗し、時に隠れ、時に迷います。

しかしその父は、私たちを愛し、どんなときも探しておられる父なのです。たとえ迷うことがあったとしても、まだ遠く離れているのに、向こうから駆け寄ってきてくださる方なのです。そんな父に出会えることが、私たちにとっての福音なのではないでしょうか。

第二章　導きを信じて

神はいつも、いつまでも呼んでくださる

酒井《さかい》 陽介《ようすけ》
カトリック・イエズス会司祭

神からの語りかけは、いつも思いがけないものです。自分がいくら力んだところで感じられるものではありません。始まりは、風のように、思いのままに吹く聖霊の息吹のように、フゥッと私の心に触れるもの。素の、ありのままの私を呼んでいます。時間を経て、いつしか、それは、内側から来る「促し」になり、その思いに抵抗できなくなります。言ってみれば、「つかまれた感じ」です。そうして、徐々に、内側から来る力を信じて、自分を試してみようと思い、この路《みち》を歩みだします。

自分の生きる路を、心の深いところで、神の呼びかけだと受け止めることができる体験があります。それは、私の深い望みと神が私に抱いている深い望みとが一致するときです。そのとき、どんなに恐れや、疑いがあっても、自信がなくても、不思議と一歩を踏み出す

勇気という恵みがいただけます。ただし、それは独りきりの作業ではありません。

私の場合、カトリックミッション校の中高校時代、その生き様からこの路の献身を示してくれた司祭たちに始まり、自分が司祭になるまでの間、またその後、もう一度召命の選び直しの岐路に立った時も、歩みを共にしてくれた同伴者たちがいました。私たちは、ときに独りよがりになったり、自分に都合よく考えたり、あるいは、不意に不安に襲われたりするものです。そんな時、じっくりと話を聴き、霊の動きと導きを一緒に見究める（識別する）、道先案内人とも呼べる同伴者が不可欠です。そうすることで、築くことのできる信頼関係が、支えとなり、良い意味で、自信に繋がります。自分の歩みを振り返って、もし、彼らと出会わずに、ともに神のみ旨《むね》を探す旅に伴走してくれる存在がいなかったとしたら、今の私は、存在していないでしょう。

私とてけっして順風満帆とは言い難い歩みの中、悩みは尽きず、誘惑は減らず、疑問は増すばかりでした。心地よい世界が覆されることもあり、その中で、幾度となくつまずいては、「私には無理です」と弱音を吐いたものです。でも不思議と立ち上がれました。否、立ち上がらせてもらいました。神の呼びかけに怯《ひる》んだ預言者エレミヤは、「わたしは語る言葉を知りません。わたしは若者にすぎませんから」と尻込みしました。すると神の力強い一言が響きました。「恐れるな。わたしはあなたとともにいる」。私も怯むたび毎《ごと》に、神と言い合い、最後には、エレミヤのように、両手を挙げ、深く息をついて言いました。「あなたの勝ちです。私の負けです」。

三十歳の時、カトリック司祭に*叙階されました。様々なことがあっても、そこにとどまれているのは、自分の人生を懸けるに値する人々の存在があったからと思えます。司祭に叙階された時、「わたしはあなたがたを友と呼ぶ」というイエスの言葉を生きる手引きとしました。こんな自分でも友と呼んでくれるイエスに対し、かたじけない思いでいっぱいで、あらん限りその主の気持ちに応えたい、そして、私も多くの人々を友と呼びたいと願ってきました。

私が好きな詩編139編に次の一句があります。「神よ、わたしを究め　わたしの心を知ってください。わたしを試し、悩みを知ってください。御覧ください　わたしの内に迷いの道があるかどうかを。どうか、わたしをとこしえの道に導いてください」。この路を歩む中で、どのように神を、他者を愛したら良いのかと逡巡することがあります。その問いの

＊（司祭の）職務に就く儀礼

答えは、一朝一夕には見つけられません。ともにこの路を歩んでくれている同伴者と招き主である神に信頼して、心と心の語らいのうちに、つまずいては、転びながら、その問いへの自分なりの答えを見つけ、歩んでいかなければなりません。人生の歩みの中で、愛することを、そして愛されることを知っているならば、そのうち、転び方も、大怪我をしないような受け身も身につけるようになります。そうやって、少しずつ私固有の「愛し方」を育んでいきます。

神学者であるB・ロナーガンは、人間にとって掛け値ない生き方は「神に惚れ込むこと」だと言いました。どのような生き方であれ、キリスト者としての人生の歩みとは、神に惚れ込む生き方、否、神に惚れ込まれた人生を引き受けていくことだと思います。いつしか、私が誰かの同伴者になっていくことができますように。

こちらの備えなど、全く関係がないかのように、神の招きは、私の心に届きます。母の胎につくられる前から私を知っている神は、いつも、いつまでも呼び続けてくださいます。神は、どんなことがあっても、そしていつでも、慈しみ溢れる永遠のまなざしを注ぎ、私の心の願いを見限ることなく、養ってくださるのです。

釜ヶ崎で体験した
キリスト教との出会いから

有住《ありずみ》　航《わたる》
東京・下落合教会牧師
掲載当時＝早稲田教会伝道師

大阪市浪速区大国町、わたしの生まれた街です。今宮戎《いまみやえびす》神社で毎年一月に盛大に行われる商売繁盛の祭「えべっさん」の最終日、「残りえびす」の日に、屋台のたこ焼きを食べた勢いで産気づいたと母から聞かされています。大国町は西成区にある釜ヶ崎と、新今宮駅をはさんで反対側にあり、雑多で、にぎやかで、暑苦しい、そんな〝大阪ディープサウス〟に生まれ育ちました。

子どものときから釜ヶ崎の存在は知っていましたが、釜ヶ崎は自分にとって「通り過ぎる場所」であり、「関係のない街」でした。そんなわたしが釜ヶ崎と、そこで生きる人びとと出会ったのは高校生のときのことです。当時通っていた教会の仲間と一緒にお米と毛布を釜ヶ崎にある「いこい食堂」に届けた際に、そこにおられた金井愛明《あいめい》先生から「水曜の夜にやっている『夜回り』に来なさい。そこには若い人もいるから」と声をかけられ、それからちょくちょく夜回りに顔を出すようになりました。

いこい食堂には、金井先生をはじめ、さまざまな人たちが集まっており、その日の夜回りのためにおにぎりを握り、ゆで卵と一緒に袋に詰めます。詰め終わった後、出発までの間、自己紹介や近況を話しながらゆっくりと過ごす、そんな夜の時間がとても好きでした。

初めて夜回りに参加した夜のことを今でも鮮明に覚えています。わたしが慣れない手つきでおにぎりを一人のおっちゃんに手渡したとき、そのおっちゃんはわたしの目を見て「ありがとう」と言ってくれました。その言葉に、わたしは自分自身が受け入れられたように感じました。

思春期の、あふれる自意識のゆえだったのかもしれませんが、わたしは釜ヶ崎の、その夜の、その路上で、確かに「受け入れられた」と感じたのです。その晩が、わたしとキリスト教との主体的な関わりのはじまりとなったのでした。

いこい食堂には、神学生たちや福祉の現場で働く人たちが集まっていました。わたしが「神学」を学ぶということ、そして「福祉」の現場で生きることに関心を持つようになったのも、そうした人たちとの出会いからだったと思います。

受験していた福祉大学から不合格通知を受け取ったとき、金井先生は「君に福祉は似合わない。神学部にしなさい」と言われ、提出する必要がなかったにもかかわらず推薦状を書いて背中を押してくれました。神学部の学生になってからも金井先生は「君は普通の神学生ではない。どうせ普通でないのだから自由にやりなさい」といつも励ましてくれました。わたしのキリスト教や神学は、路上で、都市の片隅で生きる人びととの出会いによって、また、その方々と共にありたいと願い、寄り添おうとする教会的共同体に集う人びとの働きによって育《はぐく》まれたのです。

いま、大阪では釜ヶ崎の「再開発」という名目で、そこに生きる人を強制的に排除することが「改革」の名の下に強行されています。しかし、釜ヶ崎は「なくさなければならない街」ではなく、自分を含め「多様な人びとが受け入れられてきた街」に他なりません。「万博」や「都構想」なるものによって排除されようとしている人たちと、その人たちが生きる街に、わたしはたしかに受け入れられ、居場所を与えられました。釜ヶ崎に生きる人びととの出会い、いこい食堂の働きとの出会いは、わたしの大切な根っこです。釜ヶ崎は、わたしにとっての「故郷」であり、そこで出会った人たちは、わたしの中で大切な存在として今も生きています。

釜ヶ崎とそこで生きる人びとを「なくさなければならない」という考えにわたしは強く抗議します。わたしが釜ヶ崎で出会ったイエス像は、いま排除されている人のところへ出かけていき、その人と共にいて、また自《みずか》らも炊き出しの最後尾に並ぶイエスであり、孤独に死に、誰からも弔ってもらえない、ひとりひとりの労働者と共にあることを望んだイエスの姿でした。

わたしはいま、オリンピックや再開発に狂騒する東京にある教会で働いています。都市の片隅で、孤独や不安、さまざまな〈生きづらさ〉を抱える人がいます。都市宣教の課題を担いつつ、〈教会〉という共同体が、人間が出会い、〈互いに受け入れ合う〉ことのできる場所であるために、釜ヶ崎のイエスに示された〈共にいる〉という働きに連なる、一人の働き手でありたいと願っています。

「牧師の妻」から「牧師」としての召しへ

竹村《たけむら》 眞知子《まちこ》
高知・瀬戸キリスト伝道所
牧師

「牧師夫人も召命感を持ってほしい」

当時、精神障がい者で伝道師であった俊明と結婚するにあたり、母教会の主任牧師から言われた言葉です。ノンクリスチャンの家庭に生まれ、洗礼を受けて二年あまりしかたっていない私には重い言葉でした。

そもそも教会を訪ねるまで、世の中に「牧師夫人」という立場があることさえ知りませんでした。母教会の主任牧師夫人は、音楽の賜物《たまもの》が豊かでした。初めて教会（祈祷会）を訪ねた時も、美しい声で讃美歌を歌われ、私にも節度のある優しさで接してくださいました。それにひきかえ、私は人と交わることは苦手、音楽は大嫌いでオルガンは弾けないし、讃美歌を歌うことも嫌い。何から何まで正反対でした。

私が教会を訪ねたのは、求道者的な思いからではありません。一人で聖書を読み、二回の通読を終えたころ、参考書がほしいと思いました。当時はキリスト教の専門書店があることを知らず、大きな書店に行ったのですが、注解書はありませんでした。

帰り道で「祈祷会（聖書研究）」と書かれた教会の看板が目に入りました。教会の扉を叩き、祈祷会（私の心の中では聖書研究会）に通い、牧師面会日に主任牧師宅を訪ねて聖書の質問に明け暮れる日々でした。そのような私にも神さまが働き、幼いころから求めていた真理が聖書の中にあるのではないか、と思うようになりました。

洗礼を受けてからは礼拝にも休まず出席し、青年会の交わりにも入り、教会学校教師として奉仕もし、その中で俊明伝道師と結婚することになりました。結婚直後に、俊明伝道師の任期延長が長老会で否決されましたが、高知・香美《かみ》教会（＊香長《かちょう》伝道圏）が招聘《しょうへい》してくださいました。この香長伝道圏の交わりの中で、私の信仰は育《はぐく》まれました。

まず牧師夫人会が毎月一回、開催されていました。午前中は東神大パンフレットなどを読み、共に昼食をとって、午後は近況報告などでした。当時七人の先輩がおられ、皆それぞれ異なった賜物を持ち、遣わされた教会と夫に仕えている姿を拝見し、私も私なりにと

＊高知県東部から徳島県南部にある、教会の伝道協力圏のこと。

いう思いを与えられました。

香美教会の主任牧師は、俊明を招聘した時から、私を牧師にと考えられていたようです。今から考えれば奇妙なことなのですが、最初から長老会に陪席するように言われました。その時は「俊明先生は説教をなさり、事務的なことはあなたがするように」と言われました。長老教会というものがよくわかっていなかった私は「それもそうかな」と思いつつ、長老会に陪席し、信徒の家庭訪問などに同行しました。

一年あまりが過ぎようとしたころ、「俊明先生が牧師として立っていくためには、あなたが牧師にならないと」と言われました。神学校に行かなくても牧師になれるCコースについても教えられ、一九九一年十月に一回目、翌年三月に二回目の試験を受けました。そして同年四月には香美教会信徒伝道者としての立場を与えられ、説教や聖書研究などの奉仕の場が備えられました。

同時に瀬戸地区（高知市南部）への開拓伝道も示されました。青年会時代に「開拓伝道」という言葉を知った私は、そのようなことは元気印の牧師がするものだと思っていました。ところが神さまは精神障がい者の牧師である俊明と、まだ信徒伝道者であった私にそれを命じられたのです。

もちろん、香美教会と香長伝道圏の祈りと具体的支えがあってのことですが、Cコース三年目の受験とともに、開拓伝道は進められました。香美教会の発議により、香長伝道圏の中で瀬戸伝道委員会が組織され、会堂兼牧師館を建て、信徒ゼロから始められました。そして九二年十月に第一回目の礼拝（午後）を守りました。

やがて九七年三月の伝道所開設の時、主任牧師として迎えられました。俊明牧師を助けることは、副牧師ではなく、主任牧師としての召しでした。瀬戸伝道委員会で要請された時、私は意外でした。俊明の体調が悪い時には説教をし、後は事務的なことをしようと思って牧師となったのに、教会の責任を負う立場に立たせられたのです。

しかし、今は人間の思いをはるかに超えた、神さまの奇《くす》しきみ業を思います。私が瀬戸キリスト伝道所の主任牧師として立つために、神さまはまず俊明牧師の妻として私を召されたのだ、と。そして牧師としての召命は「牧師夫人も召命感を持ってほしい」という言葉から、すでに始まっていたのだ、と。

信徒や苦しむ人々と共に歩める恵みに感謝

澤田《さわだ》　和夫《かずお》
カトリック・東京教区司祭
掲載当時＝高円寺教会協力司祭

司祭への召命をいつ、どう自覚したのかはっきりしないのですが、思い起こしてみれば、それは終戦間際のことでした。召集された海軍の仲間内で終戦になったら何をするか話し合っていたときに、仲間の一人から「一緒に北海道に行って農場経営でもやろうか？」と声をかけられましたが、私はこう宣言しました。「私はもう決まっているんだ。練馬の黙想の家に飛び込んでいってこれからの歩みを決めるんだ」と。

しかし、志したのはもう少し前、東京大学在学中のことだったかもしれません。そのころ、何のために生きているのかわからなくなり日光の華厳《けごん》の滝に飛び込んだ青年がいたことを知りました。そこで、大学のクリスチャンの教授に「みんながいのちを大切にするように、教室でカトリックのお話をしてください」とお願いしたところ、「授業で余談をするわけにはいかない」と言われました。それならば自分が神さまやイエスさまを伝えるしかない、信仰の話が学生にもできる神父になりたいという思いを強くしたのです。

外交官だった父の仕事の都合で、幼少時はほとんど外国暮らしだったことから、終戦時は占領軍受け入れの通訳もしました。やがて復員し、念願がかなって練馬のイエズス会の黙想の家に転がり込み、司祭になるための勉強を上智大学で始めました。

その後、ローマで勉強する機会が与えられました。横浜埠頭から船に乗って、まずアメリカへ。船酔いする私を、外国人の船乗りさんが励ましてくれたのを覚えています。サンフランシスコに上陸し、北米横断鉄道でニューヨークに行き、そこで宣教会のメリノール会に迎えられ、それまで着ていた海軍の軍服をやっと脱ぐことができました。そこでも励ましを受けて、いよいよ大西洋を渡ってイタリアへ向かいました。

私を含めた日本人三人が同級生としてローマのウルバノ神学院に入学、異なる国々の若者と一緒になって、イエスさまの福音を伝える神父になれるよう、励まし合いながら過ごすことになったのです。そしてコルネリオ・ファブロ教授に哲学、神学を授かり、一九五一年十二月二十一日にローマで司祭になりました。司祭になってからは、いつも

「信徒のために祈り、人々と共にいる」司祭でありたいと願いつつ歩んできました。

その後、哲学と神学の博士の学位を得て五四年に船で帰国。種子島が見えてきたときには、いよいよ日本で宣教できることになるんだ、という思いでいっぱいでした。

帰国後は、学生に信仰を広める場にいたいとの思いから、学生生活指導の目的で設立された東京・信濃町にある真生会館付きの神父となりました。学生たちと共に祈り、聖書を学ぶ日々でした。

そのころ出会った大学生、高校生の、信仰を携えて社会のいろいろな分野で働こうという意気込みをもって出かけていく姿が今でも忘れられません。

他方、社会の一番底辺にある人と共に暮らし、信仰を広めたいという思いから、労働者の街、山谷に住み、日雇い労働者として工事現場で働く年月もありました。その中で、日雇い労働者がただ労働するだけではなく、どっちを向いてどう生活すればよいかを一緒に考えるための「たまり場」となる部屋を借りました。みんなは集まっては、散っていく……ということを繰り返していました。共に歩みを模索する場でしたが、私自身が多くを教えられたものです。

教会での司牧、学生や労働者との生活のほか、第二バチカン公会議での日本司教団神学顧問、東京カトリック神学院での神学生養成指導、大学講師、日本各地と韓国での黙想指導、マザー・テレサ来日時の通訳と同行など、さまざまなお手伝いもしました。

しかし、学生や労働者の方々との出会いや関わりに特に感謝を覚え、社会のあらゆる状況・立場の人々に信仰を伝えられる者でありたいと願っています。今は、カトリック高円寺教会に居住、信徒と交わる日々に感謝し、主任司祭の吉池好高《よしたか》神父に「よし、いけー」と励まされて喜んでいます。

高円寺は町の名前にも表れているようにお寺の多い町です。そういう中にあって、周りの方にも信仰を伝えていきたい、天に召されるその日まで、信徒と共に歩み、お互いに励まし合いたいと願っています。司祭になって昨年で六十年〔編集部注・掲載当時〕。感謝のほかありません。

学校で働く牧師の使命
教会と学校の橋渡しとして

三河《みかわ》 悠希子《ゆきこ》
活水高等学校・活水中学校
宗教主事

毎日、生徒と一緒に礼拝をして一緒に聖書を学び、生徒や保護者、教職員のために祈り、そして学校が建てられているこの地域の福音伝道のために働くのが私の仕事です。すべてが楽しく、すべてが感謝すべき時間ですが、その中でも入学式、卒業式は特別です。今まで一度も神さまの言葉、聖書の御言葉を聞いたことのない多くの生徒に神さまの言葉を告げるあの瞬間、そして、六年間または三年間御言葉をたくさん心に蓄えた生徒を祝祷で送り出すあの瞬間、神さまが私にこの使命を与えてくださったことを心から感謝します。

毎年、入学生に「あなたがたがわたしを選んだのではない。わたしがあなたがたを選んだ」という御言葉とともに、「神さまがあなたと出会いたくて、皆さんを活水《かっすい》に呼んだのです」と語りかけます。

私も中学一年生の春、同じ言葉を女子学院というキリスト教学校で聞きました。必死で努力し、合格を勝ち取ったと思っていた私は、自分の努力を否定されたようにさえ思いました。しかし、学校生活を送るうちに、この言葉の本当の意味を知るようになりました。そして、受洗のきっかけとなったのは二人の恩師との出会いでした。

一人はどんな生徒も絶対に見捨てずに繰り返し教えてくれる数学の先生でした。数学が苦手な私に、放課後や休み時間でも何度でも繰り返し教えてくれました。ある日、先生が礼拝で「私はイエスさまがしてくださったように、生徒一人一人を本当に大切にしたいと思っているのにとても難しい」と話されたのを聞いて、そのイエスさまという方を知りたいと思うようになりました。

もう一人は毎年春と夏に長野でのワークキャンプを引率していた聖書の先生でした。生徒ともワーク先の障がいをもった方とも常に対等な立場で話をし、弱い立場にある人に敏感な方でした。

洗礼を受けたのは、高校一年生のクリスマスで、教会でもよい先生や先輩に恵まれ、学校生活も楽しい充実したものでした。

しかし、私は大学受験で希望の大学に合格できず、初めて挫折を味わいました。一年間浪人しても希望している進路は開かれませんでした。そして両親の勧めもあり、別の大学に入学しますが、あきらめきれずに大学を辞めてしまいます。ただひたすら勉強だけしましたが、それでも望む進路は与えられませんでした。神さまに裏切られたような思いさえして、祈ろうと思っても神さまに不満の言葉ばかり言っていました。しかし、その中で気づきました。「私にはこの苦しみや不満を祈る神さまがいる、こんなに苦しくてもそれでも助けてくれる方がいらっしゃり、私に新しい朝を与えてくださる方がいる」と。

希望を見いだしたように思いました。そして神さまが私に望んでおられる道がわかったような気がしました。私が神さまと出会い、困難の中にあっても祈り、希望を見いだせたのは、学校で聖書の言葉を教えられ、導いてくださった先生がいらっしゃったからでした。私も同じようになりたいと、恩師と同じ国際基督教大学に進学し、聖書科の教員を目ざしました。

私にとって聖書の先生になることと、献身することは全く別のことでした。恩師は、教会の教職ではない信徒の聖書の先生でした。ですから献身して教会の牧師になることは全く考えていませんでした。

そんな私に転機が訪れたのは教育実習でした。最終日に「先生、私たちのために祈ってよ」と生徒たちが言ったのです。特に深い意味はなく、ただその時に祈ってほしくて発した言葉です。でも、その言葉が気になり、何度もその言葉の意味を考えました。そして、学校が必要としているのは、御言葉を教え、生徒のため保護者や教職員のために祈り導く牧会者であると考えるようになりました。生徒の言葉が神さまのご計画を私に教えてくれたのだと思います。

卒業後、東京神学大学の大学院に入学し、韓国の神学大学院への留学を経て、東京神学大学の大学院を修了し、活水中学校・高等学校の宗教主任として遣わされました。

私たちが学校で精いっぱい蒔いた御言葉の種は、在学中には実を結ばないかもしれません。でも決して無駄な労苦ではありません。神さまが必ず実を結ばせてくださいます。いつか彼女たちが人生の困難に出会ったとき、学校で心に蓄えた御言葉と毎日歌った賛美歌が彼女たちに希望を与え、教会に導いてくれると信じています。

イエスさまとの合い言葉「ATM」でこれからも

内藤《ないとう》 留幸《とめゆき》
日本基督教団元総幹事

私は神奈川県横須賀市に生まれました。十人きょうだいという大家族の中で、のびのびと育ち、家でも外でもガキ大将でした。家に飾られていた御真影《ごしんえい》を拝む毎日で、小学校六年生のときに第二次世界大戦が始まりました。父親が海軍工廠《こうしょう》（軍需工場）の造船技師として働いていたこともあり、私は海軍兵学校に入りました。

敗戦後、私は虚脱感に苛《さいな》まれ、厭世的になり、絵画、演劇、登山と、とにかく遊びまくりました。気持ちの切り替えができたのは、ほどなく天皇の人間宣言が公布されたときでした。それまで天皇を現人神《あらひとがみ》としてあがめてきた私は確かなもの、永遠に不変なるものを探求したいという欲求に駆られ、学習院大学に入り、哲学を専攻しました。そこでは、戦後日本の思想形成に偉業を残すことになる、そうそうたる学者たちの講義を受ける機会に

郵　便　は　が　き

料金受取人払郵便

新宿北局承認

8093

差出有効期間
2020年6月30日まで
（切手不要）

１６９-８７９０

１６２

東京都新宿区西早稲田２丁目
３の１８の４１

日本キリスト教団出版局
愛読者係行

ご購読ありがとうございました。今後ますますご要望にお答えする書籍を出版したいと存じますので、アンケートにご協力くださいますようお願いいたします。抽選により、クリスマスに本のプレゼントをいたします。

ご購入の本の題名

ご購入の動機　1　書店で見て　2　人にすすめられて　3　図書目録を見て　4　書評（　　　　）を見て　5　広告（　　　　）を見て

本書についてのご意見、ご感想、その他をお聞かせください。

（定価）高い　普通　安い
（装丁）良い　普通　悪い
（内容）良い　普通　悪い

ご住所　〒

お電話　（　　　）

お名前　（性別）

（年齢）

（ご職業、所属団体、学校、教会など）

図書目録のご希望	定期刊行物の見本ご希望
有 ・ 無	信徒の友・こころの友・他（　　　）

このカードの情報は当社およびＮＣＣ加盟プロテスタント系出版社のご案内以外には使用いたしません。なお、ご案内がご不要のお客様は下記に○印をお願いいたします。

・日本キリスト教団出版局からの案内不要
・他のプロテスタント系出版社の案内不要

ご購読新聞・雑誌名　朝日　毎日　読売　日経　キリスト新聞　クリスチャン新聞　週刊朝日　図書　信徒の友　季刊教師の友　説教黙想アレテイア　礼拝と音楽　教団新報　本のひろば　福音と世界　百万人の福音　あけぼの　婦人之友　明日の友

ご購入年月日　年　月　日

今回書籍のお買い上げ書店名

市・区・町　書店

ご注文の書籍がありましたら下記にご記入ください。
お近くのキリスト教専門書店からお送りいたします。
なおご注文の際には電話番号をご明記ください。

ご注文の書名	冊数
	冊
	冊
	冊

恵まれました。その中に北森嘉蔵《かぞう》先生がおられ、初めてキリスト教に触れ、彼が顧問を務める学内の聖書を読む会に参加し始めました。

キャンパスの内外で学生運動が盛んに繰り広げられていたころ、私はアウグスティヌスやアンセルムスら、大神学者の著作を繰り返し読み、一方で座禅を組んだり、仏教や神道のことをも勉強したり、どうしたら救われるのかを追究していました。

その答えは、本屋で行列して買った、哲学者西田幾多郎の全集の中にありました。そこに「最深要求」という、まさに深い考えが示されていました。人間の生の究極はガラテヤ書2章19―20節に「キリストがわたしの内に生きておられる」と示された境地であるというのです。

しかし、それは具体的にどういうことなのか、またまた思考の試行錯誤が続きました。やがてわかったのは、キリストが言葉となって私を内から突き動かすのだということ。だから、例えば互いに愛し合いなさいという御言葉を実践できたら、神が自分の内にいることになると考えました。また、無力で罪深い己の救いには他者による「代償的苦しみ」が必須であることを知り、その原点がイエスの十字架にあることに気づきました。

そうやって学問を究める中で、私は徐々にキリストと出会い、救われていったのです。折しも地元で出会ったアメリカ人宣教師によって教会に導かれ、私は二十一歳、大学三年生のときに、現在の横須賀小川町教会で洗礼を受けました。

学習院の大学院で学びを続けた後、将来の職業について考えたとき、自分がなりたいものではなく、神さまが望まれることをしていこうと考えました。そして、牧師になる道が示されたのです。キリスト教とは無縁の家でしたが、両親は「一度きりの人生だから、好きなようにしなさい」と受洗のときも神学校にいくときも、快く送り出してくれました。

東京神学大学大学院での学びを終え、初任地は高知教会でした。そこで出会って結婚した妻は、今に至るまで私のよき戦友です。その後、香川・善通寺での開拓伝道、岡山・蕃《ばん》山町《ざんちょう》教会、石川・金沢教会、東京の諸教会と、行く先々での伝道は本当に楽しくて仕方ありませんでした。

キリスト教ブームに乗った時代もありましたが、年間十名を超える受洗者が起こされるのを自分でも不思議に思っていました。私は当たり前のことを当たり前にしていただけですから、そこに神さまが働かれたことは言うまでもありません。

私は特に青年たちとの関わりを大切にしていました。求道中の彼らから投げかけられる容赦ない質問に対する私の答えに納得したのでしょうか、おもしろいと思ったのでしょうか、とにかく求道者が求道者を連れてくるという連鎖でした。その中から牧師になったり、キリスト教学校で働くようになったりしている人がたくさんいるのはうれしいことです。

二〇〇七年に日本基督教団の総幹事に迎えられ、この〔編集部注・二〇一二年〕十月に退きました。この五年半、教団の教務と事務のすべてを円滑に遂行する総幹事の大役に、私は牧会の現場でも貫いてきた正攻法で取り組んできました。それはキリストの教会はどうあるべきか、という判断基準です。御言葉に聴く、教会の歴史から学ぶ、現在の規則を守る、この三つの視点に立ち、あとは常にＡＴＭ（＝明るく、楽しく、前向きに）です。これがイエスさまと私との、これからも変わることのない伝道の合い言葉です。

答えは、命懸けの神の愛を伝えるため

岸本《きしもと》光子《ひかりこ》

大阪暁明館病院伝道所牧師
大阪医療刑務所教誨師、篤志面接員
臨床宗教師

「神社の神さま、仏さま、キリストの神さま、誰が本当の神さまですか?」。大阪・松原市の小学校に通っていた私は、四年生のときから毎晩、この祈りともつかない祈りを唱えて寝るようになりました。ちょうどそのころ学校で世界にはいろいろな宗教があることを習い、どの神が本当の神なのか不思議で仕方なかったからです。

父は信心深い仏教徒で、私の名前の光子《ひかりこ》もお経の中からつけてくれたものです。また父は幼い私をよくお寺に連れて行ってくれました。お寺で拝む父を見て、私にとって大きな存在の父が頭を下げる、もっと大きな存在があるのだと感じていました。

私の祈りが聞き届けられたのは六年生のクリスマスの朝のことでした。その日、テレビから流れるハレルヤコーラスをふすま越しに聞きながら、私は夢を見ていました。小学校の築山に質素な白い長い衣を着た人が立っていて、私に向かって「私が本当の神です」と言ったのです。「えっ」と驚くとその人は、「私が本当の神、キリストの神です」とさらにはっきりと告げました。目覚めてからもその姿、声を鮮明に覚えていて、普通の夢ではなく、心に刻み込まれる特別な体験であることがわかりました。

その後、中学に入ってからわが家は豊中市千里に転居しました。中一の夏休みに、たまたま家の郵便受けに案内が入っていた聖書通信講座を受講したことがきっかけで近隣の梅《ばい》花《か》教会に導かれました。その教会学校では、「神はそのひとり子を賜《たまわ》ったほどに、この世を愛してくださった」と学びました。世とは、世界中の人々のことで、その中にこの私も含まれていることに大きな衝撃を受けました。そして、「生きて働かれる真の神が、命懸けで愛してくださっている」との聖書のメッセージに応えたくて、高校三年のペンテコステに洗礼を受けました。さらに神さまをもっと知りたくて、関西学院大学神学部へと進学したのです。

神学部とはいえ「献身」という強い意識はなく、毎日の授業は楽しい学びでした。そんなある日、下校時一緒に歩いていた年配の先輩が「君たちに召命感はあるのか?」と聞きました。「ショウメイカン？」。聞き慣れぬ言葉にポカンとするほど、私は何も知らずに神学部に進んでしまったのです。

卒業後は幼稚園の宗教主事、聖書科の教師などを経て、神学部の同窓生と結婚。二人の娘を出産の後に家庭に入りました。

十年ほど専業主婦をした後、子育てをしながら、塾の講師をしていたときのことです。次女が受験勉強をしながら、「何で勉強をしないといけないの」と聞いたのです。私は、「勉強はなりたい自分になるためにするのよ」と答えましたが、娘はすかさず、「じゃあママは、塾の先生になるために神学部に行ったの」と質問してきました。

「うーん、そうじゃないなー」。私は考え込みました。そのとき、「あなたの召命感は？」と問うた先輩の言葉を思い出しました。私は自分がなぜ神学を学んだのか、神学部で学んだ私に、神さまは何を求めておられるのかと思い巡らせました。すると、「私たちを命懸けで愛してくださる神さまの愛を、もっとも必要としている人に伝えたい」というシンプルな心の願いがよみがえりました。実に神学部を卒業して二十数年後のことでした。

こうして私はその年の補教師試験を受け、合格後は大阪暁明館病院伝道所に導かれ、正教師試験に合格し、数年後に大阪医療刑務所の教誨師にも導かれたのです。その背後には多くの教会の祈りと、卒業後に事業経営者となって牧師である私を支えてくれる夫と、娘たちの「お母さんを用いてください」との祈り、また神学部の先生方の祈りがありました。

病院の伝道所に赴任してみて、病を抱えて生きる人生も、体や心に傷のある人生も、お神の深い愛の中にあることを思うようになりました。医療刑務所でもさまざまな人生と出会います。家族から見捨てられ、刑務所の質素なベッドの上で死を予感して「僕の人生はこんなはずじゃなかった。どこで間違ったのか。このまま死ぬのは嫌だ、怖い」と魂の叫びを訴えておられた方が、十字架の救いと赦しを信じ、受洗されました。ひと月後、その方は本当に良いお顔で平安のうちに天に召されました。

どんな悲惨な状況にも、いやむしろもっとも悲惨な状況の中にこそ、神が共にいてくださる。私はそれを、感謝と喜びをもって多くの人に伝えたいと願っています。

孤立に悩み苦しむ人々の魂への配慮に一生を捧げて

齋藤《さいとう》 友紀雄《ゆきお》

日本いのちの電話連盟理事
自殺予防いのちの電話創設者
青少年健康センター会長
日本自殺予防学会名誉会長

中学を卒業して直後の四月の初め、出生地である杉並区阿佐ヶ谷の駅頭で、志村卯三郎牧師の説教を聴き、感ずるところがあって歩み出て名乗りました。その結果、紹介されたのが現在も聖日に通う阿佐ヶ谷教会でした。近くに阿佐ヶ谷教会があり、大村勇という牧師がいるから出席するようにと勧められたのです。一九五二年、十五歳の時でした。

それから五月の連休中に、再び阿佐ヶ谷駅頭で「賀川伝道」と見出しのあるチラシを受けとりました。賀川豊彦の講演が連夜にわたって阿佐ヶ谷教会で開催されたのです。彼の講演はまず、ドイツでのナチの迫害を逃れて米国のプリンストン大学に招かれたアインシュタインが、大学の礼拝堂で会衆と一緒に静かに祈っていた、というエピソードから始まりました。アインシュタインはキリスト者ではありませんが、招かれたプリンストン大学に敬意を表して礼拝にも連なっていたのでしょう。こうしたアインシュタインの謙虚な姿を知らされ、少年であった私は思わず感動を覚えたものです。

その講演に圧倒され、次の年に十七歳で信仰を告白、受洗しました。さらに数年後に大村勇牧師からの勧めに従って、伝道者となるべく神学校に学ぶ献身をしたのです。ですから賀川と大村牧師との出会いは、私のその後の人生を変えたと言うべきでしょう。神学校時代に私が教えを受けた著名な教授は賀川の神学を、「粗野な自然神学」と評しました。しかし私は、個人的にはその「粗野」な賀川の語り口によって、分かりやすい、しかも弱い立場にある人々を思いやるキリスト教理解に導かれたと思っています。

神学校卒業後は阿佐ヶ谷教会で伝道師として、石神井教会などの阿佐ヶ谷教会の開拓教会で牧師として数年間仕えました。その間に、ドイツから派遣された宣教師ルツ・ヘットカンプ氏の呼びかけで、牧師仲間などが集まって「いのちの電話」の設立準備が始まりました。ドイツですでに開局していたTelefonseelsorge（電話による魂への配慮）のような電話相談を日本でも行《おこな》おう、というのでした。

相談開始の直前の一九七一年に、米国の神学校に留学することになりました。神学校のカリキュラムに「臨床牧会研修」があり、私は病院での実習を選びました。公立病院でしたが、患者のニーズに応じてユダヤ教など様々な宗派の教職者が出入りしており、常駐の牧師はその地方の最大教派から派遣されていました。挨拶をしながら一人ずつ病棟をめぐる中で、「つらい気持ちを受け止めてほしい」という患者の思いを時間をかけて聞くことの大切さを知りました。また、人間の置かれた病理性の生々しい現実に触れ、危機的な人間の病理の中にもなお援助の可能性、必要性があることを学びました。

そして同年十月一日に、わが国初の自殺予防目的の電話相談「いのちの電話」が開始されました。私も帰国後、数年間石神井教会で牧会した後に専任職員として働き始めました。相談員は社会一般から公募しましたが、今日でも教会関係者が中心的な役割を果たしています。相談員になるには、まず約二年間の研修を受けます。この研修の中心にあるのは「自己理解を深める」ということです。これだけは相談員として不可欠なことです。研修の最初に必ず「自分史」を書き、そして自己紹介をするという機会があります。自分のパーソナリティを理解していなければ、決して人の話に耳を傾けることはできないからです。

また、東京いのちの電話は発足当初から、キリスト者医科連やカトリック医師会の医師たちにより、電話、さらに面接での精神科医療相談を実施していました。この部門は一九八五年に独立し、「ひきこもり」支援を専門とする「青少年健康センター」となりました。主な支援内容として、当事者同士のコミュニケーションの場を持っていますが、彼らにとって自分の経験を話すのはとても苦しいことのようです。しかしその中でも、ひきこもり経験のある人が後に支援のリーダーになることもあります。茗荷谷《みょうがだに》の本部では三十名、世田谷の分室は同区の支援を受けて規模も大きく、七十名近い若者を支援しています。

最近の傾向はひきこもりの高齢化で、若者と言えない四、五十代の入所者が増えていることです。青少年支援の苦労は尽きません。彼らに共通して感じるのは、育ってきた環境の人間関係が希薄で貧しいということです。そのために孤立してしまうことが最大の原因であると感じます。「いのちの電話」でも、相談の中で最も多いのは人間関係に関するものです。「人には言えないことを聞いてほしい」という思いで相談してこられるのです。

そのような中で「いのちの電話」は、現在全国に五十一のセンターが開設されるまでに拡大しました。相談員は全員ボランティアで、二十四時間態勢で相談にのっていますが、みなさん本当に使命感をもってこの活動を生きがいとしておられることを感じています。

日々を沈黙と喜びの中で
祈り働くことに召されて

高原《たかはら》 三枝《みつえ》
カトリック・跣足女子カルメル修道会修道女（スペイン・セヴィーリャ聖ヨゼフ修道院）

私は姉兄三人がいる末っ子として横浜に生まれました。カトリック信者は周りにいませんでしたが、父は子どもたちにミッションスクールの教育を受けさせ、姉兄は在学中に洗礼を受けました。信仰を持つようになって、どこか私とはちがうしっかりした価値観を持つようになった姉兄に触発されて、私も大学一年生のときに受洗しました。私にとって洗礼を受けることは、キリストをお手本として生きることでした。

卒業と同時に私は在学していた大学とスペイン政府からの奨学金を得て、専攻していたスペイン語を学ぶため、一年間スペインのグラナダに留学しました。帰国後は仕事をしながら楽しい日々を送っていたのですが、二十六歳になり、「このままではいけない。このあたりで自分の生涯かけての生き方を考えねば……」と思うようになりました。

ちょうどそのころ、若者を対象にした黙想会に参加する機会があり、スペイン人宣教師の講話と個人指導と完全沈黙のうちにひとり神のみ前に座って一時間じっと祈ることを日に四回繰り返しました。そしてついにある日、「三枝さん、私のお友だちになってくれませんか」とイエスさまの声を心で聴いたのです。私は驚きと戸惑いでとっさには何の返事もできませんでした。しばらくの間、祈りのうちに考え、「このような私であるにもかかわらずイエスさまは呼んでくださった。それならば心からの感謝を込めて、私のすべてをお捧げして生涯を共にさせていただきましょう」と思い、「はい」とお答えしました。

私の一番上の姉は一九六七年にカルメル会に入会し、シスター（修道女）への道を歩んでいました。そのこともあり、カルメル会には深い憧れを抱いていました。イエスさまに呼ばれたとき、私はもうカルメル会に入ること以外考えられませんでした。そして、世界のあちこちに派遣されて人々をキリストに出会わせる働きを担う宣教師のために特別にお祈りしたいという思いに導かれました。宣教師と共に私も祈りのうちに世界中を駆け巡り、すべての人にキリストを告げ知らせたいと思ったのです。一九八〇年に山口のカルメル会に入会し、祈りの生活が始まりました。

一日は祈りと仕事、沈黙し孤独のうちに過ごす時間と共同体のメンバー全員そろって楽しく過ごす休憩時間とが調和よく組まれています。私たちの祈りの生活の中心であり頂点となるのは毎朝のミサです。その中で私たちはローマ教皇さまや司教さまはじめ、全世界に広がる教会という大家族のメンバーであることを意識し、教皇さまのご意向に合わせて祈り、世界の平和のため、苦しんでいる人、病気の人のため、また全人類の必要のために祈ります。

私たちはカトリック教会が定めた「*教会の祈り」を忠実に熱心に唱えることを第一の勤めとして引き受けていますので、毎日七回、聖堂で全員そろってこれを祈ります。その合間に、それぞれ受け持っている仕事をします。食事作り、洗濯、院内にある菜園の手入れ、パンやケーキを焼く担当などさまざまです。また高齢のシスターの介護に当たることもあります。

山口のカルメル会で幸せな生活を十八年間送ったころ、同会のスペインの修道院での修道生活を考えるようになりました。宣教師のためにお祈りをするのに、私自身も彼らのように祖国を離れ、家族友人たちとも離れ、文化も慣習も言語も違う環境に自分を置くこと

＊詩編の唱和を中心とする祈り、聖書朗読、賛美などによる典礼・礼拝

によって、自分も彼らと同じ体験をしながら祈りたいと思ったのです。

その望みはかなえられ、一九九八年からスペインのアンダルシア地方にあるセヴィーリャの修道院に来ています。真っ青な大空と照りつける太陽。こちらのシスターたちは底抜けに明るく、よく笑い、親切でよく祈ります。九十歳から四十一歳まで十五名（アルゼンチン人一人、イタリア人一人、日本人一人と残りはスペイン人）で構成されたこの共同体は、キリストを中心にした小さな家族です。ここでの生活も早、ほぼ二十一年になります。

私たちは何をするにも神さまとの親しい交わりのうちに行《おこな》うので、心は平和と喜びで満たされます。常に神さまのお望みは何かを問いながら、それにできるだけ良くお応えするように努めます。このような生活に呼んでいただいたことにあらためて感謝するとともに、それによくお応えしていないこともあるときにはお詫びし、今また新たに神さまの憐れみに全信頼をおいて歩みを進めていきたいと思います。

聴者とろう者、共存の中での伝道を

小嶋《こじま》 三義《みつよし》
日本福音ルーテル教会牧師
ろう者伝道担当牧師

私がろう者伝道牧師の働きに召されたいと願い、献身をしたのは一九五九年、二十歳のときでした。先の敗戦の結果、多くの人々が飢えと貧しさに苦しみましたが、私の家族もそうでした。豊橋大空襲で焼け出され、田舎に命からがら引き揚げました。

私たち九人家族は食べ物さえまともに得られない日々が続きました。やがて、七人兄弟のうち私を含めて三人が大病をしました。最初に病気になった私は医者に診てもらうこともでき治癒しましたが、弟が死に、次の弟は耳が聞こえなくなってしまいました。「あの家は先祖が悪い」とか、「血が汚れているのだ」とか言われました。

苦悩した両親は弟のために必死の努力をしました。病院巡り、それが不可能とわかるとさまざまな宗教巡り。しかし、どの宗教も願いに応えてくれませんでした。父は最後に、ラジオ放送の賛美歌を聞いて慰められました。聖書を送ってほしいという父の手紙を見て、宣教師が聖書を持ってやってきました。それが私の家とキリスト教との出会いであり、田原礼拝所の始めでした。

私はその集会の最初の受洗者となりました。しかし、私の心の中に、三人の兄弟が同じ病気になり、私だけが健康を与えられている、私は神の僕《しもべ》として何をなすべきかという問いが始まりました。そのとき私は、聖書の中から神さまの声を聞くことができました。それは「そのとき、わたしは主の御声を聞いた。『誰を遣わすべきか。誰が我々に代わって行くだろうか。』わたしは言った。『わたしがここにおります。わたしを遣わしてください。』」（イザヤ書６・８）の言葉でした。

同時に家庭集会のとき、聞こえない、歌えないために別の部屋で一人ポツンとしていた、耳が不自由になった弟のことを思い出したのです。私は、神さまがこの弟のような人のために私の命を残しておいてくださったのだと思いました。私はイザヤの答えを神さまへの応答として祈りました。「私がここにいます。私を遣わしてください」。

父は私の献身を喜びませんでした。兄と弟と力を合わせて表具師の家を守ってほしいと願っていたのです。結局は、私は勘当されて家を出ることになりました。

八年後、神学校最終学年のとき、父ががんになり末期だと知り、看護に帰りました。私を黙って受け入れてくれた父は、病床でルーテルアワーのラジオ放送を聞いていました。そして、いよいよ病状が悪化してくると、私に言いました。「お前には何もしてやれなかったが、今してもらいたいことがある。お前の手で洗礼を授けてほしい」。私はその町の牧師に許可と介添えを願って、涙しつつ父に洗礼を授けました。私の人生の最初の受洗者に父がなってくれたのです。

神学校卒業の前、自分はろう者伝道牧師になりたい、と願いを出しました。その結果、一つの教会を持たず、日本全体を視野に、聴覚障がい者の伝道に専念するという職務が与えられました。しかし五年も経ずして所属する教会の方針が変わり、一つの教会を持つことが義務付けられたのです。

音楽と言葉で構成されている現在の教会と、視覚でしか理解できないろう者の伝道の両立は難しいと悩みました。真剣に祈りました。そのとき、神さまから答えが与えられました。イエスさまが弟子たち、教会に命じたのは「行って、すべての民をわたしの弟子としなさい」（マタイ28・19）でした。愛する教会がこのみ旨《むね》にかなう教会であってほしい、そのためにはこの伝道は全ての民の中で、つまり聴者とろう者の共存の中でしなければならないと思ったのです。そして、小石川教会就任が決まりました。

しかし実際、ろう者、聴者双方に満足してもらえる牧会は難しいものでした。このつらい時期にまたみ言葉が与えられました。ヨハネの弟子の「来《きた》るべき方は、あなたでしょうか」（マタイ11・3）という問いに対して、イエスさまは自分の周りを見るように、そこに起きている現象が、イエスさまがメシアとしての徴《しるし》だと言われました。

教会は復活されたイエスさまが現存し全ての人が集う場所、だからろう者も聴者も一緒に礼拝できる教会を作るのだ、そう決心しました。この思いは今も変わることはありません。小石川教会で、一つ一つの問題を祈りつつ解決してきた結果、この教会がろう者伝道の先駆けとなり、現在も毎主日に手話礼拝が行われ、ろう者と聴者がひとつの共同体を成していることは大変感謝なことです。

「どこにいるのか」と問われる神に従って

堀川《ほりかわ》　樹《いつき》
東京・亀戸教会牧師

新潟出身で、クリスチャンホームの生まれではない私が初めてキリスト教に触れたのは、敬和学園高等学校に入ったことがきっかけでした。受験に失敗し、しぶしぶ入学した学校でした。自分では第一志望の高校に受かると思っていました。中学校の先生など周りの人たちからも「合格する」と言われていたのですが、結果は不合格。入学当初は何事にも興味を持てず、無気力な日々を送っていました。

そんな中でも鮮明に覚えていることがあります。それは初めての聖書の授業でした。そのときに読まれたのは「あなたがたがわたしを選んだのではない。わたしがあなたがたを選んだ」（ヨハネ15・16）でした。聖書科の先生が「望んでこの高校に入学した人もそうでない人も、神さまに導かれました。そのことを心に留め、この高校での生活を過ごしてください」と言われたのです。自分の心の中で引っ掛かりを覚えるほど、衝撃的な言葉でした。

高校三年生、進路を考える時期のことです。心のどこかで「また受験には失敗したくない」という思いがあり、祈るような気持ちで教会に通うようになりました。何がわかったというわけではありませんでしたが、聖書の証しする神さまに賭けてみようという一心で洗礼を受けました。

大学はキリスト者推薦で入学し、その大学のキリスト教団体に所属しました。そこには、先に救われた者として、まだキリストに出会っていない人たちに福音を宣べ伝えたいと思っている人たちがいたのです。一方で、私はキリスト者としての献身など考えることもなく生活していて、どこか寂しさを感じていました。そのとき初めて、洗礼を受けてキリスト者とされている意味を考えたのです。そして、仲間たちと聖書を読み、賛美し、祈りを捧げる中で、主の臨在と主の交わりを確かに体験することができたのです。それは信仰を同じくする仲間たちに導かれた経験でした。

その後、聖書を読めば読むほど自分の罪の深さを知らされました。でもその罪から解放されている、主イエスによって罪が赦されている、それほどまでに愛されている私であることもわかりました。その愛を体験したら、命を懸けて救いの道を開いてくださった主と共に歩みたい、歩ませてくださいと願わずにはいられなくなったのです。もう罪の中を歩みたくない、そう思ったのが牧師としての献身のきっかけでした。

しかし、神さまと共に歩むことが何よりの喜びであり平安であると示されても、それでもまだなお「信徒として教会に仕えればいいのか、牧者として仕えればいいのか」を問いました。洗礼を受けたころから牧師に対する憧れがありましたし、「牧師になるのだ」という思いもどこかで持っていました。けれどもそれは私の思いであって、神さまの思いではないかもしれない。神さまが牧師として用いようとしておられるなら、永遠に変わることのない御言葉によって召し出してくださる、そう信じて、いつ応えられるかわからない問いの答えを祈りつつ待つことにしたのです。

その召命の御言葉は大学三年生の十一月に与えられました。その日も信仰を同じくする仲間たちと御言葉の分かち合いをしていました。それは「どこにいるのか」(創世記3・9)でした。その御言葉が私に迫ってきて、取り込まれました。神さまがアダムとエバにどこにいるのかと問われたように、自分にも問われている。「どこにいるのか」。このとき、確かに主に呼ばれる経験をしたのです。この御言葉が与えられ神さまに捕らえられたとき、信徒として教会に仕え、伝道するという道が目に入らなくなりました。全ての不安や葛藤から解き放たれて、伝道者としてキリストと教会に仕えるという決意をすることができました。神さまの呼ぶ声に、ただただ聞き従いたいと切に思ったのです。

その後、神学校に入学し、四年間の学びを経て卒業しました。卒業後は阿佐ヶ谷教会に担任教師として三年間仕え、二〇一六年四月からは同じ神学校を同年三月に卒業した妻と共に亀戸教会に遣わされ、牧会しています。また、教会付属幼稚園類似施設「めぐみ園」の園長としても奉仕しています。子どもたちと共に礼拝を守ることのできる恵みと、子どもたちにも神さまを語ることのできる喜びとを携えて、ただ御言葉を宣べ伝え、主の栄光が現れるように献身し続けます。全ては主の栄光のために。

学校も教会も仲間となって
社会を変える力になろう

廣石《ひろいし》　望《のぞむ》
立教大学文学部教授
東京・代々木上原教会主任代務牧師

私は岡山県の日本イエス・キリスト教団香登《かがと》教会で生まれ育ち、小学校六年生で受洗しました。三代目のクリスチャンで、両親は同教会の青年会で出会い、母のお腹にいる時から教会に通っていました。小さな町でしたが礼拝出席者は毎週一〇〇人ほどで、教会のコミュニティーがそのまま地域のコミュニティーになっていました。倫理的に厳格で、みな素朴で暖かな信仰を持っている方々でした。そのコミュニティーに見守られて安心して育つことができました。そのような中で、ファミリーの伝統を自分も自覚的に担うようになりたい、という決心で洗礼を受けたように思います。

十八歳で地元を離れて大学に入学し、そこで新約聖書学に出会いました。それまでの私の信仰では「イエスと、聖書と、私にとってのキリスト教」は全て一致しているとしか思っていませんでした。けれども学問としてのキリスト教を学ぶうちに、それらの間にある隔たりとつながりに気づきました。それが面白く、また「自分が拠って立つものを自分で知りたい」という強い気持ちを抱いて、研究の道に進みました。

スイスに留学したのは一九九〇年、ベルリンの壁が崩壊した直後でした。東西ドイツの統一が進み、またポーランドの民主化、ＥＵの発足などヨーロッパ社会は大きく変動していました。その背景にキリスト教会の働きや、キリスト教的な価値観があることを感じ、教会に社会や歴史を変える力があるということを意識するようになりました。ヨーロッパの国々では教会を離れる人は増えていますが、「キリスト教的なるもの」はなお社会の核として存在しています。たとえば難民、ドラッグ、年金、妊娠中絶などの内政問題、倫理的な問題について、テレビ討論などの議論の場には必ず牧師や神学部の教授が招かれて教会としての意見を述べます。そんな光景を見て、キリスト教信仰には「私が自分の信仰を全うする」だけではない側面がたくさんあるのだと気づかされました。

それから帰国し、大学に教員・チャプレンとして勤めることになりました。ですから牧師としての私の最初の働きの場は、学校だったということになります。教員として大切にしているのは、学生たちに届けるキリスト教が「キリスト教徒でない学生にとって役に立つキリスト教」であることです。その実践の一つとして学内にボランティアセンターを立ち上げました。学生たちはたくさんやりたいことを持っていますが、多くの場合、具体的なやり方がわからなくて諦めてしまいます。そんな彼らに国内外の関係団体を紹介するなど、キリスト教のネットワークを使って手助けをしました。また大学宗教センターの企画で、インド・ケララ州のキリスト教系NGOへのスタディーツアーも毎年引率しました。

教会の牧師としては、ずっと信徒として通っていた代々木上原教会で二〇〇一年から働いています。二十年も学問しかしてこなかった私を、信徒さんも、また大学では学生さんもよく辛抱してくださり、牧師として育ててもらったと感じています。

学問をしている人間は信仰心をもたない、という偏見があります。そうは言わなくても学者と牧師は対話をする相手ではない、と考えられることが多いでしょうか。確かに学問的な成果と教会の信仰心は別物ですが、全く切り離してしまうのは大変危険なことであると思います。学問的な自己批判がなければ、信仰はひとりよがりなものになるでしょう。たとえば私が留学していたスイスでは、大学と教会とが協力して一緒に仕事をしていました。神学部の学友たちも、将来教会に仕えるにせよ学問研究をするにせよ、互いに仲間だという意識を非常にはっきりと持っていたことを思い出します。

また、スイスは人口約八〇〇万人の小さな国です。小さいですから、異なる意見を封殺すれば自分も共倒れしてしまうという自覚があるように感じました。日本では、自分の仲間でマジョリティーをつくって違う意見を潰してしまいたい、という欲望が非常に強いように感じます。少数派である自分たちがそれをすればすぐに破滅するのだと、日本のキリスト教会も意識しなくてはならないでしょう。

もう一つこれからの教会について願っているのは、夢と力を持った若い人たちを助けてほしいということです。国内や海外のボランティア活動に代表されるように、何かを試してみたい若者はたくさんいますし、そうした人たちが教会の原動力となっていくはずです。また、大学の礼拝に集うのはほとんどが教会にも行ったことのない学生たちですが、教会もキリスト教徒ではない人たちが安心して集える場所になればすてきですね。学校と教会の両方で働きながら、これらが協働してこれからの教会をつくっていくことを思い描いています。

第三章　葛藤の向こうに

神さまに「なぜ?」と問い続けた末に

老田《おいた》　信《しん》
大阪聖和教会牧師
掲載当時＝広島・油木教会、北備伝道所兼務牧師

私にはいつから教会に通い始めたのか明確な自覚や記憶はありません。というのも、我が家ではすでに母がクリスチャンであり、その母の教育方針でもあったのでしょうか、子どもたち（姉と妹と私）は教会学校に通うことを習慣とされていました。また、劇的に召命が与えられたわけでもありません。あらためてふり返ると、二つの出来事で私の中に生じた「なぜ？」という思いが、全ての始まりだったように思います。

一つは一九九五年一月十七日の阪神淡路大震災による母との別れでした。当時中学二年生だった私には、とても受け入れ難い事実でした。いまだに当時をふり返ると、反抗期だったことも思い出され、後悔することも多くうまく説明ができません。

それはともかく、あの日以来さまざまな思いが家族中をめぐり、そしてそれは今も続いていますが、こと私に限って言えば初めて神さまという存在を激しく意識するようになったきっかけでした。神さまとの対話を試みようと「なぜ、母なのか」「なぜ、私ではなく母なのか」「なぜ母は突然、この日、この場所で、このような惨い死に方をさせられたのか」「なぜ今、神は私から（家族から）母を奪ったのか」など、疑問を抱いてはぶつけてを繰り返してきました。

通い続けていた神和《しんわ》教会の小林健志牧師にも幾度もそのようなことを感情のままにぶつけました。しかし、小林牧師はそのような私の疑問に対して、その場しのぎの返答やごまかした答えをするのでもなく、また答えに困ってうろたえるのでもなく、ただただ受けとめてくださいました。

震災後、小林牧師はそのような、やり場のない感情に支配された私に居場所を与えてくださり、それと同時に震災前にあったであろう「日常」を思い出させてくれることもありました。小林牧師は私にとって親のようであり、友達のような存在となっていきました。そのような日々が続いていたのですが、しかし一九九七年六月二十二日にその小林牧師が急性心不全により亡くなりました。これが二つ目の出来事でした。

この出来事は私の「なぜ?」という思いに追い討ちをかけました。もちろん「神の否定」ということも考えましたが、しかし、それでは神さまを信じて生きてきた母、そして小林健志牧師を否定をしてしまうことになると考え直しました。けれども神さまとの対話となると、あまりに頭にくるので、私は徹底的にこの「なぜ?」ということを神さまに聞いてやろうと思いました。そして、聞くためにはまず神さまを知らねばならないという思い、それと同時に「小林牧師がどうして牧師という道を歩んだのか」ということも考えたいとも思い、牧師の母校である関西学院大学の神学部で学ぶ決意をしました。学生時代は見栄を張って「献身」だと言い張ってきましたが、実際は献身というよりは個人的な思いからでした。

もちろん学びの中で私の「なぜ?」ということに対して、明確な回答が得られたわけではありませんし、また母や小林牧師の信仰を理解できたわけでもありません。さらには大学時代もさまざまな「なぜ?」と思うような出来事は大なり小なり、また直接的にも間接的にもありましたし、これからもあることでしょう。

いずれにせよこれらの出来事は、世間からすれば「小さな物語」でしかありません。しかし私にとっては大切な物語です。私たちはそれぞれに固有の物語を持っています。その物語に寄り添うことができればとの思いで今を過ごしています。結果的にはかつて小林牧師が私に対してそうしてくださったことを、しようと試みているのかも知れません。このような日々を送る私ですが、これからも「なぜ？」と問うこと、つまり神さまと対話を進め、お互いの「なぜ？」という思いを共有できる共同体としての教会であればと願っています。

ともすると「なぜ？」と思うこと自体が、神さまの御手に全てを委《ゆだ》ねていない証拠ではないかと悩みそうなものですが、神さまは私たちのことをよくご存じですし、そのような思いを自《みずか》ら隠したり、否定しなくてもよいのではないでしょうか。御手に委ねているからこそ「なぜ？」と問うことができる、私はそのように思うのです。

気がつけば、私は神さまに導かれてというよりは、グィッ！と腕をつかまれ「こっち！」と引っ張られて、ようやく今日までの歩みを進めることができたように思うのです。

聖書の「障がい者」観に導かれて

田中《たなか》文宏《ふみひろ》
愛知・名古屋桜山教会牧師
掲載当時＝北海道・真駒内教会牧師

兵庫県北部の山間《やまあい》に小さな温泉町があります。私は、その町の農家の五人兄弟の末っ子として生まれました。私の家は禅宗の寺の檀家であり、近くの神社の氏子でもありました。家の近くに教会はなく、キリスト教とは無縁の世界に育ちました。

中学生のときに眼の病気を発症した私は、高校時代には失明の危機に瀕し、盲学校の教師になることを志しました。そして、残されたわずかな視力で受験勉強に励み、東京の大学に入りました。しかし、大学の学びやサークル活動に将来への明るい希望や生きがいを見いだせず、次第に焦燥感と疲労感に悩むようになりました。私が教会の門をくぐったのは、そのような時です。

たまたま大学で受講した宗教学のクラスを担当していたのが北森嘉蔵《かぞう》先生でした。聖書の読み方に対する新鮮な驚きとともに、西洋哲学や仏教への造詣の深さにも教えられました。特に、「神の痛み」という言葉に十字架の愛を直観させられました。当時、下宿をしていた笹塚の近くにある日本基督教団永福町教会に出席するようになり、一九七六年十月三十一日の宗教改革記念日に三永恭平牧師より洗礼を受けました。

私が信仰へ導かれ、献身の志を与えられるようになった理由として二つのことが挙げられます。第一は、重い障がいのある二人の兄姉と共に育ったことです。敗戦後の混乱の時代、農村社会には因襲的な偏見や差別が根強く、私の家庭には明るい希望がありませんでした。第二に、私自身の眼の障がいです。将来の夢や希望を奪われ、自分は生まれてこない方がよかったのではないかとの罪責感に苦しんだのです。

希望を求めて教会へ通っていた私は、二人の牧師と出会いました。山口の小郡《おごおり》教会の青木優《まさる》牧師と、静岡の榛原《はいばら》教会の長沢巌牧師です。視覚障がい者の青木牧師の著書『行く先を知らないで』を読んで、信仰の決断へと導かれました。また、重度障がい児の施設であるやまばと学園を設立した長沢牧師の働きにふれて、私も牧師になって障がい者の問題に取り組みたいと願うようになりました。

それは、アブラハムのようにまさに行く先を知らない旅立ちではありましたが、無限の大空へ向かって羽ばたく希望に満ちていました。主イエスとの出会いは、私の人生を盲学校の教師から、キリストの愛を証しする伝道者へと方向転換させたのです。

私は、東京神学大学を卒業後、高知の須崎教会へ赴任しました。まず私が始めたのは、視覚障がい者の女性の信徒に簡単な点字の週報を届けることでした。その後、県内の視覚障がい者の信徒が集まって高知県シロアム会が発足しました。また、近隣の教会と西部伝道圏をつくり、伝道集会やCS夏期学校などを協力して行《おこな》っていました。

ある年の伝道集会に腹話術の春風イチロー師匠こと野田市朗牧師を迎えました。野田牧師は、私が独身であることを知ると、「君の結婚のために祈ります」と約束してくれたのです。翌年の夏、ひとりの女性が夏期伝道実習で派遣されてきました。なんと、この女性は野田牧師の牧会する新丸子教会の方でした。その後、私はこの女性と結婚することになりましたが、野田牧師は自分の祈りが聞かれたと大喜びでした。

須崎教会での六年間の奉仕の後、私は牧会カウンセリングを学ぶために妻と共に三年間アメリカの神学校へ留学しました。言葉や文化の壁に加えて、視覚障がいのハンディがあり、苦労の絶えない日々が続きました。しかし同時に、いかなる障壁をも超えて働く聖霊の豊かなみ業があることを深く教えられました。

聖書には、生まれつき目の見えない人が主イエスによって癒やされた物語が記されています。特に、「本人が罪を犯したからでも、両親が罪を犯したからでもない。神の業がこの人に現れるためである」（ヨハネ９・３）という主のみ言葉は、私の伝道者としての召命を支え、牧師としての働きを導いてきたといっても過言ではありません。

今、私は札幌の真駒内教会での二十五年の奉仕を終え、名古屋桜山教会の牧師として仕えています。心や身体に痛みや弱さのある人々と共に歩むことが、私の祈りであり願いでもあります。それは、時にはつらく苦しいこともあります。しかし、主にある兄弟姉妹の祈りに支えられ、そして、担任教師として私をいつもフォローしてくれる妻の真希子牧師と共に、日々聖書のみ言葉に導かれて歩みたいと祈りを新たにしています。

神さまから「これでもか」と言われた気がして

三木《みき》 メイ《めい》
日本聖公会司祭（京都教区）
同志社大学キリスト教文化センター准教授・チャプレン
掲載当時＝日本聖公会執事

どのようにして神さまに召しだされたかをお話しするということは、これまでの人生において遭遇した多くの人々と出来事と、その時々の自分の心の中の葛藤を物語ることであろうと思います。ですから、正直言うととても気恥ずかしいのです。

聖書の召命物語のうち、私がもっとも共感を覚えるのは、モーセの召命です。神さまから重大な使命を告げられたモーセは「わたしは何者でしょう。どうして……人々をエジプトから導き出さねばならないのですか」と言ってうろたえます。そして、神さまが「わたしは必ずあなたと共にいる」と言われた後でも彼は「ああ、主よ。わたしはもともと弁が立つ方ではありません」と再び弱音をはき、そのうえ「ああ主よ。どうぞ、だれかほかの人を見つけてお遣わしください」とまで言うのです。

モーセをひきあいに出すのはおこがましいのですが、ここに表された心の葛藤は私自身のものでもあったと常々感じています。

私は、日本聖公会の牧師の娘として生まれ、幼児洗礼を受け、教会のなかで愛されて育ちました。けれど、幼いころから素直に神さまを信じていたというわけではありません。成長するにつれ、教会のなかでも神の御心にかなっているとは到底思えないさまざまな出来事が起こることもわかってきて、ここから離れたいと思った時期もあります。社会人になった時は、自立して別の世界に踏み出せる、と嬉しかったものです。しかし日曜学校の手伝いを始めて、聖書のみ言葉をどう語ればいいかわからない自分に向き合わざるをえなくなりました。

この課題は二十代の私のなかでどんどん膨らんで大きくなり、迷いに迷った末、大学で神学を学ぶ決心をしました。聖書科の先生になるというのが表向きの理由でしたが、実は自信は全くありませんでした。信仰の問題だけでなく、私は人前で話をするのが苦手だったからです。

同志社大学神学部に編入することができたことは、私にとって大きな恵みでした。きっかけは京都に住んでいた男性（現在の夫）の勧めでしたが、多様な背景を持つ個性的な学生や先生と出会え、自分の教団を違う視点から見る機会にもなったからです。

そのころ、世界の聖公会では女性の司祭按手《あんしゅ》の是非が議論され、認める管区も出ていました。聖公会では「主教、司祭、執事」の三つの聖職位が定められていますが、女性は執事志願できても司祭志願できない状態だったのです。

大学院に進んだころ、私は一人の友人に出会いました。彼女はすでに神学校を卒業し教会で伝道師として働いていたのですが、結婚を機に、教区主教によってその召命が拒否されてしまったのです。これが一つの契機となり、教会における女性と男性のパートナーシップを見直さなくてはと考えた女性たちが集まって活動を始めました。

私は、女性であるがゆえに召命が拒絶され無視される痛みを抱える人が、教会のなかに多数存在することを知りました。そんなある日、私は「このことは、あなた自身が取り組まなくてはいけないよ」と神さまに言われてしまったことを直感しました。

当初、私は本当にうろたえました。なぜなら当時はほとんどの主教と多くの司祭、そして私の父も女性の司祭按手に反対していたからです。それでも私は、聖書科講師として学校の教壇に立つ一方、女性の司祭按手の実現を求める同志と共に約十年間活動し続けました。

絶望と希望が繰り返し波のように襲ってくるその年月は、今思い返しても苦しい日々でしたが、多くの人々の祈りに支えられて、神さまが共にいてくださるという信仰を強められました。ようやく一九九八年に女性の司祭按手が認められて喜びに沸いた後は、教会のジェンダーの課題に取り組みました。

私が担わされた使命のもう一つは学校でのキリスト教教育ですが、聖公会ではそれは基本的に信徒の仕事と見なされていたので、聖職志願をせずにいました。すると思いがけないところから教員とチャプレンとを兼任する仕事を与えられました。神さまから「これでもか」と言われたような気がして、「まいりました。従います」と聖職志願しました。振り返れば、いつも神さまが共にいてこの道に導いてくださっていたと思わずにはいられません。現在は、キリスト教主義教育担当の教員兼チャプレンとして、大学生たちに向き合って生活しています。そして、司祭として教区内の教会での聖餐式執行の礼拝奉仕もしています。多くの方々のお支えとお導きに感謝しつつ。

修道士としての歩みに与えられたのは「ことば」

井手口《いでぐち》 満《みつる》
カトリック・聖パウロ修道会
修道士

私が長崎の幼稚園に通っていたときのことです。神父様が私を後ろから抱えて、教会の庭の池に連れて行き「神父様になるか。なると言わないと手を離してしまうぞ」と言われました。私はただ怖いだけで、その神父様の手をガブリっと歯形がつくほど噛み付きました。今考えると、そのときが私の召命の始まりだったのかもしれません。

その後、私はある神父様の影響を受け、六年生のころに「神父様になりたい」と両親に話しましたが、「あなたは人に優しすぎる。小神学校のようにいろいろな人がいるところには向かない」と反対されました。しかし、所属教会の主任の神父様はそんな私のために毎日ミサをささげてくれると言うのです。それから、毎日、学校が始まる前に教会に行き、両親と共にミサに与《あずか》るという生活が始まりました。

そうして私は小学校卒業後に福岡教区の「福岡小神学校」に入学し、そこから市立の中学校に通うようになりました。しかし、高校進学にあたって難題がありました。当時、小神学校の高校生は指定のミッションスクールに学ぶことになっていたのですが、私は勉強することが苦手で、その入学レベルに達していなかったのです。

そんなときに、聖パウロ修道会の神父様から「神父になるのに教区司祭や修道会司祭とこだわらなくてもいいのではないか。パウロ会に来ませんか」と言われ、私は聖パウロ会に入会することを決心したのです。中学を卒業し東京の修道院に移り、聖パウロ学園高等学校で学びながら高校生志願者としての生活が始まりました。

ところが高校三年になると、係の神父様から呼ばれ、「あなたは修道士の道に進みなさい」と言われました。「なぜ」という気持ちが起きましたが、これも一つの道への「しるし」なのではないかと思い直しました。

*初誓願を立て修道士として一歩を踏み出したころ、私は「尋常性乾癬《かんせん》」という皮膚の病気にかかりました。心因性ではないかという診断だったため、管区長（修道会の日本の代表者）の許可をもらい、*終生誓願を立てる前に一時期修道院を離れることになりました。

＊修道会の司祭、修道士になるには、志願期、修練期の後に初誓願を立て、そこからさらに有期誓願期（3～9年）を経て、終生誓願を宣立し、終生の献身を誓います。

私は生まれて初めてハローワークへ行き、面接を受け印刷会社で働くようになりました。それでも、自分は修道者の召命を忘れたことはなく、神さまの「か」の字もない職場で働くことの寂しさと、同時に信仰を持っていることの素晴らしさをあらためて感じ、ますます修道生活への望みが強くなっていきました。修道院を離れて十か月後、そこに戻った私は二十六歳で終生誓願宣立の恵みを受けたのです。

しかし、神さまはまだまだ私に試みの時をくださるのです。三十九歳のときに東京から大阪の修道院に異動になりましたが、新しい地での慣れない宣教のためか、私の皮膚病がまた悪化してきたのです。修道会側のすすめもあり、私は半年ほどアパートで一人暮らしをしました。私は退会を考えていましたし、何人かに相談もしていましたが、神さまは必要なときに助け手をくださったように思います。やがて、修道会から「東京に戻ってきなさい」という知らせがあったのです。東京の修道院では、まずは心と皮膚の療養に集中しました。

そして、ある方から聖心会のシスターを紹介していただき、カウンセリングを受けにいくことになりました。あるとき、私は自分の子ども時代のことを話しました。それは、父が仕事の関係でよく転勤をしたため、転校先でクラスになじむため、いじめられないためにはどうすればいいのかをいつも気にしていたということでした。

シスターは私に「あなたはよいブラザーになろうとしていませんか？　ブラザーとしての型を作っていませんか？　『これこれはしてはいけない』という気持ちを取り除いて、ありのままで自然なブラザーになってください」と言われました。目からうろこが落ちた感じでした。私は修道会に入ってからも無意識のうちに周りの目を気にしていたのです。この言葉を聞いて心が解放され、とても楽になりました。

一九八四年に初誓願を立てましたので、今年で三十五年になります。私が今召命の道を歩んでいるのは、いろいろな人を通して神さまがかけてくださった「ことば」があったからだと思います。きっと神さまは、これからも私に試練をくださることでしょうが、その都度いろいろな人を通して「ことば」をくださることと確信し続けていきたいものです。

きっと主が私の行くところをお決めくださる

野口《のぐち》　忠子《ただこ》
青森・七戸教会牧師

私は北海道の小樽で育ち、幼いころから教会学校へ通い、夜は「主の祈り」を祈ってから眠る女の子でした。クリスマスの夜には積もった雪にキラキラと輝くローソクを手に、大人と一緒に心弾ませて賛美歌を歌ったことを懐かしく思い出します。

中学二年のときに父の転勤で東京へ移り、世田谷の日本基督教団・頌栄教会で高校二年のイースターに、ごく自然に受洗しました。十六歳の春でした。なぜ洗礼を受けたかと聞かれても返答に困るほど何も劇的なことはなく、すべてに恵まれた少女時代でした。

けれども、その後の人生を考えれば、少女の日に救われたことは決して意味のないことなどではなく、主なる神さまの深い御憐れみであり、最も時に適《かな》ってなされた救いの業だったと、御名をあがめずにはいられません。

その後、ノンクリスチャンと結婚して大家族の嫁になりましたが、十年後に離婚しました。どんな理由があったにせよ、私は自分の罪に打ちひしがれました。

思い出すのもつらい日々を支えてくれたのは、幼い日に教会学校で暗唱したコリント二4章8節の御言葉でした。「われら四方より患難《なやみ》を受くれども窮せず、為《せ》ん方つくれども希望《のぞみ》を失はず」（文語訳）。この御言葉を何度心に繰り返したことでしょう。

ひとりになった私は、英語関係の教科書や書籍の編集者として十数年を過ごした後にある男性と出会い、彼が難病ＡＬＳ（筋萎縮性側索硬化症）と告知された一九八九年五月に、岡山のカベナント・チャペルで結婚しました。その後、夫はキリストを救い主と告白して洗礼を受け、その半年後に主の御許《みもと》に召されていきました。結婚から三年十か月でした。

それからも愛する者たちとの別れは続き、母も妹も亡くなりました。

ちょうどそのころ、それまでとは違う激しさで私の心の扉を叩き、献身を促す神さまの召命を感じ始めたのです。私は戸惑いました。当時、私は福音派系の教会に所属して教会役員や教会学校教師として奉仕していましたが、離婚の罪意識から逃れられずにいたからです。私は召命に耳をふさぎました。

それから七年、とうとう神さまの召しを信じて献身し、積み上げてきた編集者としての実績を捨てて、東京基督教大学神学科に入学したのは五十八歳のときでした。

しかし、卒業した私を待っていたのは、離婚の経歴を理由に、所属していた教派の教師の道が閉ざされたという通知でした。けれども、私は確信していました。「主が私をお召しになったのだから、きっと主が私の行くところをもお決めくださる」と。

それから間もなく、神学生時代にお世話になり親身になって心配してくださった牧師先生から東京神学大学の近藤教授に相談するようにとご紹介をいただいて、初めて三鷹の神学校に近藤勝彦先生をお訪ねしました。

近藤先生は私の話を静かにお聞きになった後で、「もう離婚したことを罪だ罪だと言うのはおやめなさい。そういう方法でしか解決できない問題もあるのです。むしろ、離婚があなたの信仰を堅くしたことに感謝したらよいのです」と言われたのです。離婚して以来、そんな言葉をかけていただいたのは初めてでした。そして、それまで張り詰めていた固いものが融《と》けて自分でも止めようがない涙があふれました。長い年月の苦しみから私を救ってくださった牧会者に倣《なら》う者になりたいと、深く思わされた出会いでした。

その後、思いがけずアメリカ・ミシガン州の神学校に短期留学する機会が与えられ、帰国後、東京神学大学大学院で恵まれた学びを重ねることができました。それを終えて日本基督教団教師に任じられ、青森県の七戸《しちのへ》教会に遣わされて十二年になります。

こうして今までの歩みを振り返って見ると、はっきりと見えてくることがあります。それは、私の上に起こったこれらのことはすべて神さまによって為《な》されたことだったという事実です。

私の思いや努力で事が成ったのではありません。今、私は素直に「小さな器ですが、私のすべてをお用いください」と、神さまの前に畏《おそ》れつつ願います。遣わされている教会を愛し、苦しんでいる誰かの心を温めてキリストの愛を伝えられる牧会者として用いられたいのです。

伝道者へ、被災地へ、そして留まることへの招き

佐藤《さとう》 真史《まさし》

熊本・荒尾教会牧師
掲載当時＝被災者支援センターエマオ教団派遣専従者
宮城・いずみ愛泉教会担任教師

私は東京の東村山で育ち、日曜日は兄姉と近所の教会学校に通い、牧師や神学生をはじめ皆さんにかわいがってもらいました。家とも違う、もう一つの居場所として、教会はとても楽しい場所でした。

しかし、高校・大学と家を離れたことから教会からも少しずつ離れ、大学院で札幌に行ったときには、半ば教会生活をあきらめていました。そんな私がたまたま足を運んだのが札幌北部教会です。子どもたちが生き生きと教会を駆け回り、雪の降る冬になれば、礼拝堂（！）でサッカーが始まりました。子どもが大好きな私は、毎週教会に通うようになります。まさに「子どもたち」が教会に呼んでくれたのです。

北海道大学ＹＭＣＡ汝羊寮《じょよう》との出会いも大きなものでした。さまざまな問題が起こるた

びに皆で話し合いました。ある時、K君が「隣の運送会社の音がうるさいので、寮として注意しましょう」と提案しました。けれども、運送会社はきちんと営業時間を守っていましたし、音も他の寮生たちには気になりませんでした。結局その提案は通りませんでした。しかし、K君のことがどうも気になり、私ともう一人の寮生で彼の話をゆっくり聴く時間を持ちました。すると、彼の深い所にストレスや疲れがあることに気づかされたのです。

最後にKくんは、「こんなに話を聴いてくれたのは真史くんたちが初めてです」と言ってくれました。人と共に歩む喜びを感じた瞬間です。この深い出会いによって、大学院まで学んできた数学ではなく、「人と共に生きる」道へと進む決意が与えられます。まさにKくんが呼んでくれたのです。

教会の子どもたちに、そしてKくんに招かれ、私は神と、そして人と共に歩む伝道者になる願いを与えられ、農村伝道神学校に入りました。

神学校在学中に東日本大震災が起き、その直後、まだ混乱状態の東京で子どもが与えられました。しばらくは子どもの命を守ることに精一杯の日々でした。生活のためにアルバイトを増やし、神学校と教会に通いました。

その年の夏に、ようやく東北教区被災者支援センター・エマオへボランティアに行くことができました。それからしばらくして、当時のセンター長だった髙田恵嗣《けいじ》牧師から、教団派遣専従者として招きを受けます。正直、とても困惑しました。自分が思い描いていた道のりとは全く違うものだったからです。何人かの牧師に相談しましたが、私のことを思って反対してくださる方もいました。最後に連れ合いに相談すると、彼女はこう言ったのです。

「私たちは三・一一以来、被災された方たちのことを祈ってきたでしょう。私は憮《ぶな》が生まれたから、まだ被災地に行くことはできないけれど、被災された方たちに寄り添って歩むことができるように祈ってる。きっと神さまが私たちを招いてくださっているんだと思う」。この言葉を聴いて、ハッと気づかされました。神さまが被災地に呼んでくださっていることに。そして、神学校を卒業してすぐ家族三人で仙台に引っ越しました。月曜から土曜はエマオの専従者として、日曜日はいずみ愛泉教会の担任教師として遣わされています。

けれども、いまの歩みが確信に満ちているわけではありません。幼い我が子への食物による内部被曝を考えたとき、これでよかったのだろうかと連れ合いと話し合うことがあります。いま新しい命が彼女のお腹に与えられていますが、ますます心配は募るばかりです。

専従者としての仕事は多忙を極めています。ボランティアや献金が減っていく中で、私たちができる最善の業が求められています。被災者支援も緊急支援から中長期支援へと移り、エマオのボランティア・ワークも少しずつ変えていくことが求められています。スタッフが疲労を溜め、時に裁き合ってしまう中で時間をかけて関係性をつくり上げていく必要があります。「私で本当にいいのだろうか」と、何度も自分自身を疑い、逃げ出したくなりました。

しかし、被災されている方たちの心からの笑顔や、津波で家を流された子どもたちが元気に遊び回っている姿を見るとき、復活の主イエスが被災された方たちと共にいてくださっていることに気づかされます。そして、欠けの多い相応《ふさわ》しくない私とも歩んでくださっていることに気づかされます。神さまは被災された方たちとの出会いを通して、ここに・いまも私を呼んでくださっているのだと信じています。

数々の問いの中で思い出したあの時の召命

陣内《じんのうち》 大蔵《たいぞう》
東京・東美教会牧師
シンガーソングライター

少々生真面目でとても頑張っておられる友人の牧師から相談を受けました。

「『召命感』の純粋な想いだけで生きてきた日々はもう遠い昔になってしまった……」

いろいろと疲れてしまって心が擦れてしまったような気分なのだそうです。

「大変なのだね。でも自分の召命感を『純粋だ』なんて言い切らないほうが良いよ。僕は、『不純で不埒《ふらち》な』自分にさえもこうして神さまは道を整えてくださるのだなと受け止めてるよ。背負い過ぎているものが多いのだよ。もっと神さまに委《ゆだ》ねればよいのに……」

仲の良い友人なので遠慮なく答えました。でも相手も牧師なので、釈迦に説法みたいな空気感が変におかしくなって二人で笑い合った、そんなことが最近ありました。

確かに自分の召命感について振り返ると、それはまるで純粋なものではなかったように思います。そのタイミングは二回ありました。祖父も父も牧師。物心ついてからは「君も将来は牧師になるんだね」という大人の言葉に対して「そういうものなのかな」と刷り込まれました。高校を卒業してモラトリアムな一年を経た後に関西学院大学神学部に進学。それなりな召命感を述べたでしょう。当たり障りのない内容だったと思います。しかし、本当の理由はそのモラトリアムの一年間にあったのです。

実はその一年間の浪人時代に僕は恋をしました。惚れこんでしまった僕は猛烈にアタックしました。いい雰囲気の時期もありましたが、最終的にはフラれてしまいます。その時の彼女の最後の言葉が、「あなたはクリスチャン三世、私は○○の信者として三世。だから私たちに未来はない」というもの。今考えればフラれた本当の理由は違うことだったでしょう。でも当時の僕は行き詰まりました。憤懣《ふんまん》やる方ない気持ちをどこにぶつけていいのかわからず、相手の宗教の批判本を読み漁りました。でもだんだん虚《むな》しくなります。それこそ相手云々よりも自分のことは分かっているのか？と考えました。教会で生まれ育っているというだけで、自分を取り囲んでいるキリスト教のことを分かっているのか？「学びなさい」と言われているような感覚を持ちました。そして、「将来牧師さんになるんだよね」という耳馴染んだ言葉にも後押しされ神学部へ。その先に「牧師」というイメージを初めて持ちました。これが一回目のこと。

ところが、以前から始めていた自分の音楽の世界がうまく行き始めます。シンガーソングライターとして自分の作った歌があれよあれよとコンテストを勝ち抜いてゆき、全国大会で賞をたくさんもらいます。「デビューできそうだから東京に出ておいで」と誘われた僕は三年生になるころに神学部を逃げ出します。それなりな召命感はあったくせに目の前の音楽のチャンスに飛びつきます。東京に来てからはガムシャラに頑張りました。もちろん苦労もたくさんありましたが、振り返ることも忘れて、ジェットコースターのような音楽業界で良い思いも悪い思いもたくさん経験し、二十、三十代を刺激的に過ごしました。

でも三十代後半に、契約やお金の問題、人間関係の問題、音楽とは関係ないことで身動きが取れない時期がありました。つまり少し考える時間が与えられたのです。僕はどこから来た何者なのか？　丁寧に自分に問いました。音楽を始めたのも詞を書き始めたのも、そして人前でパフォーマンスし始めたのも僕の場合はすべて教会の中からでした。そう考えれば、僕は教会の中で生まれたものを携えて世に出て行き、贅沢に幸せな音楽活動を続けさせてもらえた、というわけです。随分と幸運でした。もちろん運だけでやれたわけではないですが、そんなふうに自分を振り返る機会が与えられたのです。

ちょうどそのころ、「数年後に牧師を引退する」と父が言い出しました。父が引退することの実感が湧きませんでしたが、このタイミングはつまり……僕は「召されている感覚」を再び思い出しました。これが二回目のこと。今度は、有難《ありがた》くも僕が経験させてもらってきたことを踏まえて、教会という場所に戻って来なさいということなのかもしれない、そう感じました。教会への恩返しのような気持ちでしょうか。改めて日本聖書神学校に入学し、四十代前半に牧師になりました。できることは何でもやってみよう、と経験を生かした「チャーチコンサート」にもチャレンジするようになりました。

召命感も献身も、それは洗礼と同じようにゴールではなくスタートなんでしょう。自分の来し方を振り返ると、スタート時の己の純・不純なんてちっぽけなことがらではなく、本当に神さまは私たちのことを大胆にお用いになるのだな、ということを感じています。オツなことをなさるな、といつも思います。これからも自分がどう用いられるのかをほんの少し楽しみにしながら、日々できることに向き合っていきたいと思います。

教会不信に陥った私を召し出した神さまの奇跡

矢田《やだ》　洋子《ようこ》
東京女子大学専任講師
掲載当時＝東京・吉祥寺教会伝道師

私は、仏壇も神棚も聖書もない家に生まれ育ちました。宗教的行事は強《し》いて挙げても、レジャーとしての初詣とクリスマス会くらいでしたが、母の話にはよく「上から見ている何でも知っている神さま」が登場していました。子ども時代、私は教会学校へ熱心に遊びに行っていました。

高校は、市内にある帰国子女の多いＩＣＵ（国際基督教大学）高校へ入学し、大学もＩＣＵの理学科に進学しました。一年生のとき、親しい友人が統一協会へと走り、情熱的に伝道し始めました。彼はとってもいい人だったし、なんであれ「そんなに信じられる」ことをうらやましく感じました。それでも私が彼の誘いに嫌悪をおぼえたのは、社会的逸脱や教義ではなく、彼が自由に自分で考えて判断していないように見え、そして苦しそうだったからでした。一方、大勢いたクリスチャンの先生方や友人たちは皆、自由で楽しそうに見えました。この経験から、私にとってキリスト教は、人間の個性と自由と（人間の目に喜びと映るような）喜びと切り離しては考えづらいものになりました。

その後、都立大学理学部化学の大学院に進学し、博士課程修了後、出身研究室の助手になりました。人間が観測できることはごくわずかな部分にすぎないけれども、それを思い込みによってねじ曲げることなく、できるだけ慎重に論理立てていくことによって、自然のある部分が少しずつ見えてくる。楽しい作業で、夢中になりました。日曜日も実験するようになり、教会を思い出すのはクリスマスだけになりました。

そんな中、母はがんが再発し、一年後に五十六歳で亡くなりました。療養中、母は聖書にすがっていたようでした。私もまた教会へ行きたいという思いがわき上がりましたが、仕事が忙しく、すぐに行き始めることはありませんでした。

教会に再び足が向くようになったのは、結婚し子どもが生まれた中で、揺るがない土台がほしいと思ったからでした。自宅近くの教会へ行き始め、その一年後に洗礼を受けました。絶対的に正しいのは神さまだけだし、それぞれ違う一人一人の人間を大切で自由な存在にしてくれるのも神さましかいないと思えたからでした。

しかし、そんな洗礼の二年後に牧師交代があり、こう語られた私は教会がわからなくなってしまいました。「あなたは赦されるはずのない者なのにキリストの憐れみによって生かされているのだから、感謝してすべてを神に献《ささ》げよ。人間は神にただ服従すべきで、自由などない。聖霊が働く教会で語られる御言葉はそのまま受け入れるべきもので、考えてはいけない」。私には、納得なしには何事も喜んで受け入れることなどできませんでした。教会では考えないように気を付けているうちに、喜びをなくしていきました。そんなとき目にしたのが、東京神学大学のホームページにあった「神の前に立つ筋金入りのわからずやを求めている」というエッセーでした。

二〇〇七年四月、私はそれまで勤めていた大学を辞め、東京神学大学三年生に編入学が許されました。毎日の授業は心震えるものでした。心にくすぶっていた疑問が解け、うれしくて涙したことも何度もありました。そして入学から半年後に、その教会から逃げ出しました。考えることは不信仰だと言われ続けて弱っていた私の魂は、神学の学びと東神大での毎日の短いチャペルの時間に語られた御言葉によって癒やされて、逃げるだけの力が出たのだと思います。

教会なしに信仰が守れたらどんなにいいかと思いました。それでもなぜか私は、教会の礼拝に出席したいと切望し、素性を隠して別の教会の礼拝にもぐりこみました。

そこで私は、礼拝で語られる御言葉ほど、人を癒やす力があるものはないという体験を重ねることになりました。そして、礼拝の御言葉を取り次ぐ者になりたい、教会に仕える者になりたいとはっきり思うようになったのでした。

その後、神学生としての奉仕先や教団の教師試験、任地など、困難と思えた私の状況が一つずつ整えられていき、神さまの奇跡の中に入れられているようでした。ですから、まだどうしてもふさわしい者と思えないにもかかわらず、神さまは私を伝道者として用いようとしてくださっていると信じるに至っています。私にすべきことが、神さまの福音伝道の業の中で必ずある。この確信によって今立っています。

反発の末に得た「強い信頼」
若者の居場所を作るために

野田《のだ》　沢《たく》
日本基督教団牧師
学生キリスト教友愛会（SCF）主事

「教会はいい所だし、牧師もおじさんおばさんたちもみんないい人だってことはわかってる。聖書も、イエスさまもすばらしい。でも、僕だって忙しいし、毎週通う気にはなれないよ。ましてや一生関わり続けるなんて、重いよ。もう勘弁してよ」

これが、クリスチャンホームに育った私の高校時代の正直な思いでした。教会には子どものときから親と通っていましたが、中学生になるころから、なんだかつまらなくなってきたのです。それは、他にやりたいことや楽しいことが増えたためでした。

当時の私にとっては、クラブ活動、趣味の音楽やバイク、ファッションにデート、アルバイト、大好きな友だちと遊ぶことの方が、教会よりも大切でした。「教会に行っても若い仲間は少ないし、格好よくなれないし、賛美歌はレゲエやハウスと違ってつまらない」

となったわけです。しかし、いつも心のどこかではわかっていました。「それでも教会には、きっと大切なものがあるんだろう」。けれども、教会以外の楽しいことや、その時々のやるべきことに目を奪われ、教会に足が向かなくなっていきました。

そんな私に、あるとき転機が訪れました。母から勧められた「高校生修養会」です。修養会という名前だけで、当時の私には鳥肌モノでした。しかし、両親の強い説得の末、ためらいながらも参加を決断しました。それは勧めてくれる親への信頼と、教会はつまらないけれど、きっと大切なものがあるんだろうという「不完全な信頼」によるものでした。

ですが、修養会開始からわずか数時間で、私の米粒ほどの期待は完全に崩されました。自然豊かな環境に来たのに天井の低い研修室で、高校生の現実からおよそ離れた話を延々と聞かされることに、一番後ろの席で悶々と不満を募らせていました。そして二日目の午前の講演の終了後、私の我慢は限界に達し、無謀にも講演者の牧師の部屋に行き、打ち明けました。

「つらくて聞いていられない。意味がない。高校生の僕たちに『右の頬を打たれたら左の頬も向けろ』って？　そんなきれい事を聞きたいんじゃない。僕たちの今の状況と心をもっとわかってほしい」

ところが牧師からの返答は意外なものでした。「その通りかもしれないな。じゃあ、午後の私の講演の時間を野田くんにあげよう。その気持ちを、集まっているみんなに伝えてみたらどうだろう？」。こうして午後の講演は、私の孤独な思いを感情のままに打ち明ける時間となりました。「今の自分には、聖書の美しい言葉は窮屈で厳しい。教会はいい人ばかりで、自分もいい人を演じないといけないようで自然ではいられない。ここに、僕の居場所はない」。

そんなどうしようもない講演の後の心の変化は、正直あまり覚えていません。しかし翌年から私は、修養会実行委員会に加わり、同世代の仲間と一緒に楽しい修養会を作ることに必死になっていきました。

時が過ぎ、仲間たちは忙しさや身辺の変化の中、次第に教会から姿を消していきました。ですが、私は離れませんでした。私の「不完全な信頼」はいつしか、世の中には楽しいものがたくさんあるけれど、教会にはそれ以上に大切なものが必ずあるのだという「強い信頼」に変わっていたのです。そして、教会に反目していた自分が受け入れられた喜びと、一方で信仰の友が去っていく喪失感の中で、私は伝道者として立てられたいと願うようになりました。

このような経験と思いが与えられたからこそ、私はいま青年伝道の現場である日本基督教団の学生キリスト教友愛会（ＳＣＦ）に遣わされているのだと信じています。そこで教会や信仰に悩む青年の相談を受けたときには、いつもこう言っています。「教会がつまらなくて居場所がないって感じるなら、逃げるんじゃなくていい方に変えていこう。牧師や役員の方に話をすれば、きっと耳を貸してくれるよ。もしうまく伝えられないなら、その牧師に私からもお話をするよ。本気で向き合ってくれる人が一人でもいたら、景色は変わり居場所なんかできるから」。

かつて私は、キリスト者として神と人に仕えるには自分を犠牲にしないといけないと思っていました。ですが、そうではないのだということを今は強く感じています。むしろ、自《みず》らの痛みや弱さや迷いすらも活かして、若者の未来のために在りたいと祈る日々です。教会という主の宮が、名実ともに全世代の、全ての人の居場所となる希望に生かされたいと願っています。

力は弱さの中でこそ
病床洗礼が人生の転機に

森《もり》　言一郎《げんいちろう》
岡山・旭東教会、
十文字平和教会兼務牧師
掲載当時＝北海道・稚内教会
牧師

私の故郷は大分県大分市の大在《おおざい》という浜辺の村です。父が毎朝食卓でブツブツと祈る姿を見たり、祖父が母屋の縁側で賛美歌をひとり歌ったり、家族で開拓伝道（現在の大分東教会）に協力する環境の中で育ちました。「言一郎」という名はヨハネ福音書の「初めに言があった」という聖句によるものだと教えられていましたので、自分の立ち帰るべき所は幼いころから心に刻まれていたようです。

一九八四年の四月、二十三歳で就職した海運会社のオフィスは東京駅八重洲口の真ん前にありました。一年目の秋、営業マンとして勤め先から有楽町方面を歩いていると、カラーンカラーンと鳴り響く鐘の音が聞こえてきました。銀座教会の正午礼拝の始まりを告げる「銀座の鐘」でした。最初、教会が行《おこな》っていた福音会英語学校「オフィス英会話」のクラスに入った私は、クリスマス会などを経て、いつしか礼拝に通い始めたのです。

ところが時期を同じくして、私は著しい体調不良を覚えるようになります。それまで全く気づきませんでしたが、すでに母子感染によるB型慢性肝炎を発症していたのです。当時、決定的な治療薬はなく、入院先の大学病院でも、いくつかの薬を試し始めている時代でした。二か月の入院、職場への復帰、また入院を繰り返す生活を三年ほど過ごし、その後も病気のコントロールが難しい状態が続きました。体力もなく、仕事も失い、身を置く場所は教会だけと感じる日々でした。当時の私にとって、教会の存在そのもの、そして、日曜日は銀座教会の礼拝に出席することだけで救いだったのです。

一九八七年四月のイースターに私は洗礼を受ける準備をしていましたが、入院のためかなわず、後日、東京の下町にある病院のベッドの上で受洗しました。そこで与えられたのは視座の変化で、言い換えるならば方向転換であり、悔い改めでした。主治医がベッドの傍らの丸いすに腰掛け、同じ目線で語りかけてくださるとき、主イエスのまなざしを確かに感じていたのです。あまりに単純な考え方かもしれませんが、やがて、自分が死を迎えたとしても悔いのない人生を送りたいと願うようになりました。「主イエスからいただいた、神の恵みの福音を力強く証しするという任務を果たすことができさえすれば、この命すら決して惜しいとは思いません」（使徒20・24）。そんな熱い思いを抱き始めていました。

ある日、勇気を出して牧師にその思いを話しました。すると牧師は「それは召命です」と言われました。しかし、帰り道に私の頭の中に思い浮かんでいたのは「照明」の文字でした。恥ずかしながら当時は、「召命」という言葉を知らなかったのです。

一年と少しの時を経て私は神学校に入学します。病を抱えていた私の献身は、客観的に見れば無謀なものだったかもしれません。しかし、神学校を卒業してからすでに相当な年月が経過した今でも、私は牧師として仕え続けています。その後もB型肝炎については入院治療が必要な時もありましたが、やがて「これからは定期健診だけで十分でしょう」との声掛けを医師から受けるに至りました。全く思いがけないことでした。

私は病床伝道を志して歩みだした者です。それゆえでしょうか。召命の原点に立ち帰るようにと促されることが折々に起こりました。寄る辺ない病の方との出会いも多くありました。また自分自身も二〇一〇年ごろ、ストレス障害からの不眠とうつを経験し、苦悩の中、当時仕えていた福岡市内の教会の現場を離れました。けれども、回り道、挫折としか思えないような全ての道が、現在の伝道牧会の日々へとつながっているのを感じています。その後、私は最北の地にある稚内に九州からやって来ました。「よく決心しましたね」と言われることがあります。でもこれは、私がたぐり寄せた何かによるのではなく、神さまの準備されたご計画なのです。

稚内近郊の海ではうま味の濃い出汁《だし》が出る利尻昆布が採れます。稚内教会では「利尻昆布バザー」の取り組みを始める導きが与えられました。地元の昆布を教会で切り分け、オリジナルの袋に入れ、日本各地の教会でバザーへの一助として購入していただいています。地元の名産品である「利尻昆布」と正面から向き合い始めたことで、私自身地域を愛する思いが深まり、教会の皆さんも誇りと喜びをもって笑顔で作業にあたっておられます。

利尻昆布はわずか十グラムほどでも、細く切り分けて水に浸けると美味しい出汁が出ます。小さなものが水に浸かって力を発揮することは、私自身が受洗し、献身して用いられていることにも通じていて本当に不思議です。また「利尻昆布バザー」は礼拝出席十数名の最北の小さな教会に、多くの隣人を与えてくれる働きとなりつつあります。これもまた神のみわざ。そう確信するこのごろです。

無駄ではなかった ひきこもりの体験

山口《やまぐち》政隆《まさたか》
神奈川・二宮教会牧師
掲載当時＝福島・白河教会伝道師

生まれは兵庫県西宮市です。家はクリスチャンホームで姉二人がいます。小さいころは体の弱い子でぜんそく持ち。入退院を繰り返していました。でも頑張り屋で、中学では塾に通って一生懸命勉強をしながら生徒会の活動にも熱心に加わる、いわゆる優等生でした。それが一変したきっかけが中学二年のときに起こった阪神淡路大震災です。

幸い家族は無事でしたが、家が壊れてしまったので、父の友人の家を間借りして建て直しました。翌年には新築したわが家に帰ることができたのですが、震災後の一年間は一日三時間くらいしか眠れなかったと思います。いろいろなことを抱え込んで、「どうしよう、どうしよう」と頭を掻きむしっていました。震災によって心の中にぽっかり穴が空き、ピンと張っていた心の糸が、プツンと切れてしまった感じです。

何をやってもうまくいきませんでした。学校でも自分のポジションがガラガラと音を立てて崩れ、高校も希望の学校に入ることができませんでした。「こんなはずじゃない」と思って焦れば焦るほど空回り。仕切り直しのつもりの高校生活もうまくいかず、唯一、腹を割って話すことができた友人と大げんかをしたことがきっかけで、高校一年の秋に不登校となってしまったのです。

初めは単純に体調が悪いせいだと思っていました。でも結局そのままひきこもってしまいました。自分では「起きなくちゃ」「学校へ行かなくっちゃ」と思うのですが、布団から出られません。周りは「甘えてる」「今頑張らないと後でしっぺ返しがくるよ」と言うし、母は母で、「私の育て方が悪かったんだ」と泣き崩れていました。他方、私は自責の念にさいなまれていたのです。なんで俺は普通の人ができることをできないんだろう、と。

そんな状態が続いていたとき、父母が通っていた東神戸教会に新しい牧師がやってきました。ロックが好きという変わった牧師です。実は私もずっとロックミュージシャンへの密かな憧れを持っていたのです。そのことを知っていた母がその新任の牧師に会うようにと勧めてくれたのです。

幸い外に出ることだけはできるようになっていたので訪ねることにしました。それは川上盾《じゅん》牧師でした。川上牧師は音楽伝道をしようとしていて、教会にバンドを作っていました。そのバンドに私を加えてくれたのです。

「俺、ひきこもりです」と言う私に川上牧師は、「おまえおもろいやん。みんな学校に行っているのにおまえだけ学校に行かないという選択をして家に閉じこもっている。他の人から見れば無駄なことかもしれないけど、おもろいことになるかもしれん。その大事な時期や」と言ってくれました。あのときの閉塞状況の中で、川上牧師だけが言ってくれたのです。おまえはそのままでいいんだよと。その言葉で救われました。

結局私は高校を中退しましたが、川上牧師に出会ったおかげで洗礼を受け、やがて大学入学資格検定を受けて関西学院大学神学部に進学することができました。神学部と言っても牧師になるために入ったのではありません。正直に言うと、まずは自分の居場所を持ちたいという目的で選んだだけです。結局卒業が見えてきたとき初めて、自分の居場所のためではなく、何になりたいのかを考え始め、それまでぼんやりと考えていた牧師への道を目指すことに決めました。そして二〇〇八年に農村伝道神学校に編入したのです。

その農村伝道神学校で学んでいたときに東日本大震災が起きました。白河教会に赴任していた旧知の竹迫之《いたる》牧師へ安否確認の電話をしたところ、竹迫牧師からこんなことを言われました。「阪神淡路大震災でひきこもりになり、人生が変わってしまったお前だからこそ、この東日本大震災で人生が変わってしまう人のために何かできるんじゃないか。白河教会に来て手伝ってくれ」と。熟考した末、伝道師として赴任することにしました。

私の場合は震災の傷を癒やすのにひきこもりという経験が必要だったのだと思います。幸運だったのは、いろいろな人の支えがあってこうして社会に出ることができたということです。振り返って見たとき、すべてが備えられていました。だから神さまはこのような形で私を呼んだのかなと今は思うのです。

奪われた視力、絶望の果てに知った神の愛

筒井《つつい》 昌司《しょうじ》
兵庫・明石教会牧師
掲載当時＝山口・下松教会牧師

「生きていたってしかたない。これからの人生、どうせいいことなんか何もないんだから」。一九九四年、三十二歳のとき、神戸の、とある教会の一室で私が目の前の牧師にあびせかけた言葉です。

当時、企業に勤めていた私に突然襲いかかった試練、それは健康診断で発見された眼の病気「網膜色素変性症」のためやがて視力が奪われるという衝撃の宣告でした。それは、勝ち抜くことが幸せになる道だと信じていた競争社会の申し子のような私にとって、まさに「人生の敗北」宣言でした。

その私が教会の門をくぐったのは、ただ前を通り過ぎようとして十字架に気づき、なんとなく気になったからにすぎません。出迎えた牧師にうながされ、語り出した私の口から

出てくる言葉は、ひたすら愚痴、恨み言、そして泣き言……。聞くに堪えないその話を、牧師は口をはさまずに聞いてくれました。ありがたいなと思いつつも、神のことも聖書の話もしない牧師にだんだん心配になりました。「この人、仕事しなくてだいじょうぶなのかなあ」。

無料で話を聞いてくれた牧師に申し訳なく思い、せめてお礼にと聖書を読み出しました。どうせ耳が痛くなるようなきれいごと、お小言がわんさか書かれているのだろうと身構えて読んだ聖書には、思いもよらない物語が記されていました。それは、ただひたすら神を、人々を愛して愛し抜いたひとりの人イエス・キリストの物語でした。泣きました。まるで子どもみたいに大声で。今までの自分を捨てたい、この人のように生きていきたい……。こうして私は洗礼を受けたのです。

さらに、「なぜ私は生まれてきたのだろう」という問いに答えを知りたくて、聖書について もっと学ぶために神学校に進みました。牧師になるというよりも、ただ知りたい、学びたい一心での入学でした。

神学校では、それまで学んだことのない哲学や宗教学、心理学などにも触れる機会を得ました。当時、真夜中の深い霧の中にいるかのような視力しかなかった私にとって読書はハードルが高いものでしたが、音読コンピューターがそれを容易にしてくれました。うれしくて、読書三昧の日々を過ごしました。あきらめる前に探し求める、そうすれば神が与えてくださるということが身にしみました。しかしそのような学びを重ねていくうちに、ついに来てしまったのです。完全に視力を失うその時が……。

人生を取り戻しつつあると思っていた矢先、文字どおり目の前が真っ暗になってしまいました。あまりのショックに、自暴自棄になりました。そんなとき、点字図書館の方から、中途失明をされた方の相談にのってあげてほしいと頼まれたのです。同じ境遇にいる人ならば気持ちが通い合うだろうということなのでしょう。

私は、相談にのってほしいのはこちらのほうだ、むごい頼みごとをするもんだなと思いながら、半ばしぶしぶお相手をしました。しかし面談をし、会話を重ねていくうちに、思い悩む事柄や気持ちに共感する思いが芽生えてきたのです。最後には、相談するというより、慰め合い、支え合っていることに気づきました。そう、私も癒やされていったのです。聖書には、一部が痛めば全体が共に痛む「主の体」について書かれています。そのような群れ、そのような人間関係の中で私も生きたい、生かされたいと思うようになりました。

　また、まわりを見渡してみると、同じようにつらい思いをしている人たち、泣いている人たちがいることに気づきました。病気で、人間関係で、差別で、経済的な理由で、そして戦争で。それに気づいたとき、主イエス・キリストが何のために十字架で死んでくださったのかが、まざまざと私の心に迫ってきたのです。私も主と共に死のう、そして主と共に、みんなと共に生きたい、そう思うようになり、牧師となることを決めました。

　今、私は牧師として特別なことをしているわけではありません。支えられながら礼拝で共に祈り、聖書について語り、祈り、教会に訪ねて来られる方と会い、ときには訪ねても行きます。ひとりの泣いている人がいるなら、それを多くの人たちに知らせ、そしていっしょに祈ることも大切な役目だと思います。神がそれを助けてくださると信じ、共に生きるために、できるかぎり人々の話に耳を傾けたいと願っています。そう、あのときの牧師のように。

原発から四十五キロの地で
地域の人の隣人となる

明石《あかし》 **義信**《よしのぶ》
福島・常磐教会牧師、いわき食品放射能計測所いのり所長
社会福祉法人こひつじ会理事長、白水のぞみ保育園園長

私は福島県会津若松市に、日本イエス・キリスト教団の牧師の子どもとして生まれました。当時はまだ交通の便も悪く、第二次世界大戦の痕跡が身近に残る時代でした。「みんなが一緒に貧しかった」、そんな印象が残っています。そのころ、県内に東京電力福島第一原子力発電所ができると、話題になっていた記憶があります。

その後、父の転任で栃木に移り、後に京都の同志社大学で神学を学ぶことになります。その在学中に、日本基督教団に籍を移しました。入学時から牧会に出たいとの思いを持っていましたが、卒業時には主の招きに応える自信が持てず、福祉関係の仕事を中心に、いくつかの職種を経験することになりました。

四十歳目前で、無牧の教会からのお誘いがあり、信徒伝道者として、父の牧師隠退と入れ替わるようにして、牧会の現場に立つことになりました。牧会に立つという決断ができたのは、自分の人生において、より真実なところに立ちたいという願いもありましたが、それよりも、京都教区のネパールワークキャンプや自分の人生経験の中で、神さまによって赦しと解放がもたらされ、人との対立関係から和解へと導いていただいたという、喜びの体験があったからだと思います。

その後、一九九九年に按手礼を受け、牧師となりました。

牧会経験も十五年を過ぎたころ、東日本大震災が起こりました。当時は、京都の錦林《きんりん》教会に赴任していました。故郷が大変なことになり、激しく動揺しました。自分は何をしているのか、何ができるだろうかと自問しました。

そのようなとき、福島県いわき市にある常磐《じょうばん》教会に招かれ、赴任することとなりました。常磐教会は福島第一原子力発電所から四十五キロの地に位置しています。二〇一五年十二月の時点で、二万四〇〇〇人を超える人々が避難してきており、一三〇〇人ほどが県外に避難流出した地域です。着任したのは、震災後一年を経た時期で、町の所々に震災の傷跡が残る状況でした。

礼拝堂は全壊し、敷地にはプラタナスが一本立っているだけでした。しかし幸いにも、離れた場所にあった保育園は無事でした。私たちは、会堂再建にあたって、どのような教会を目指すのか何度も話し合いました。そして、地域に開かれた教会として立ち、被災避難者を隣人として仕えていくことを決意しました。さらに、「いわき食品放射能計測所いのり」を併設し、「食」に不安を抱えながら、この地で子育てをする保護者や地域に住む人々と共に歩み始めました。また、避難者は絆づくりをする場所の確保が困難だったので、会堂や集会室をヨガ教室や手芸教室など、ゆっくり集える場として提供しています。

子育てに不安を抱える母親たちの集まる場所としても、会堂や教会建物を提供していきます。お母さんたちの活動を側面から支えると共に、一緒に計測活動のプログラムを持つこともあります。避難者やここに住む人々にとっての問題は、五年以上の時間を経て一区切りを付けようとする動きが加速される中で、放射能被害のリスクが解明も解決もされないままに残っているという現実です。

保育園では食材も県外産の物を使用し、少しでも安心できる環境を整えている状況で、従来からの「裸足保育」も休止しています。保護者に少しでも不安があるときにはアンケートを取り、納得をしてもらってから、新しい取り組みに移るよう心掛けています。

元の場所に戻りたいという願いを持つ人たちがたくさんいる中で、私たちが震災から三年後に会堂を新築し元の場所に戻ることができたのは、教会の働きの復活を願う、多くの方々のあつい信仰が寄せられた結果であることに、深く感謝しております。今でも教会への尊い献金や、いわき食品放射能計測所いのりへの東京教区北支区などからの支援、保育園への水や食品の支援をいただいております。支援に支えられて、私たちはこの地に立てられた教会としての働きをなすことができているのです。

「不安」という目に見えないものがいつも傍らにある人々に対して、住む場所を追われ移住してきた避難者の人々に対して、言葉だけでなく、隣人となる働きをとおして、私を召したもう主なる神を証ししていきたいと願っています。

主よ、この私を包み、あたためてください

森《もり》　一弘《かずひろ》
カトリック・東京教区名誉司教
真生会館理事長

編集部の方から、『主よ、用いてください　召命から献身へ』というタイトルで原稿を依頼され、いざ机に向かい、私の今日までの歩みを振り返ってみたとき、多くの方には不謹慎に思われるかも知れませんが、私は、これまで一度も「主よ、用いてください」と叫んだことがないことに、思い至りました。「主よ、用いてください」と叫ぶよりも、これまでの私は、「この私を支えてください、私をしっかりと掴み、私のいのちを、包み、あたためてください」と叫び続けてきただけのように思えます。

それは、恐らく、私の幼いときの体験によるもの、と思われます。私は昭和十三年の生まれです。日本が第二次世界大戦にのめり込んでいった時代の、横浜の繁華街・伊勢佐木町に生まれました。日本の敗戦が色濃くなったころ、親たちは、ここは港に近いので危な

い、真っ先に空爆されると心配し、同じ横浜の中でしたが、二度、三度と転々と引っ越したことがあります。しかし、引っ越す度《たび》にそれ以前に住んでいた家は、焼夷弾を受けて、燃えてしまいました。

最後に横浜の町全体がB29の大空襲を受けたとき、横浜の奥の方に移っておりましたので、我が家の焼失は免れましたが、私たち家族は、丘の上の防空壕に避難し、B29が去った後、丘の上から横浜の町全体が夜空に向かって真っ赤に燃え上がる恐ろしい風景と、その中を為す術もなくも呆然と立ちすくむ人々の姿を見ておりました。

私が七歳の時でした。そのときの恐ろしい情景は、その時から七十数年経った今も、ありありと想いおこすことができます。そのときから、私の心の奥深くに、この世界のすべてのものは、いずれ破壊され、消えていく、後に何も残らない、というこの世界の不安定さ、もろさ、はかなさが、深く刻みつけられてしまったのだと思います。

それが、思春期のころに意識の表に浮かび上がってきて、私の存在全体を揺さぶり始め、社会の営みに対する信頼感を奪い始めたのです。周りの友人たちは、異性との交際を楽しんだり進学勉強に精を出したりして、将来に夢を抱いて明るく過ごしておりましたが、私には、それができなくなっていました。家庭をもっても、どこかの会社に勤めても、いずれは、すべて崩れていく、空しいという思いが心から離れず、友人たちの楽天的な輪の中に加わることはできず、友人たちからは変人と思われてしまいました。無論、独りぼっちです。私の心には、寒々とした孤独が居座るようになっていました。そんな私は、自分の心を支える絶対的なものを求め続け、カトリック教会の司祭の部屋の扉を叩いたのです。高校三年の時でした。

それが私と神との出会いとなりました。それ以降、神は私の存在を支える揺るぎない巌《いわお》となり、私をしっかりと支え導いてくれました。神は、私の生涯の恩人といっても過言ではありません。私から、もし、神を取ってしまったら、私の人生は、立ちどころ、崩壊してしまうだろうというのが、私の正直な気持ちです。そんな私ですから、これまで一度も私は「主よ、私を用いてください」という祈りを口にすることはできませんでした。

司祭に叙階されてから、司祭としての役務から、人々の前に遣わされ、人々と向き合うことになります。それが世界に向かって私の心の扉を開き、世界との生きたつながりを与えてくれたのです。私は生来人と向き合うことを苦手としておりましたが、役務がら一人ひとりに誠実に向き合うよう心がけました。その点に関して空しさを抱くようなことはありませんでした。というのは、私のもとに訪れる一人ひとりの心の奥に、私と同じような不安と孤独があり、それに私は素直に共感できたからです。

司祭になって五十数年、多くの人の人生と向き合いながら生きてきて、私は、どの人も、私と同じように、人生の厳しさに押しつぶされて疲労困憊したり、この世界の残酷さに傷つき、心が揺れ、誰を信頼してよいかも分からずに不安になったりして、その傷を癒やし、その涙を拭《ぬぐ》い、ほっとさせてくれる、豊かで、あたたかな存在との出会いに飢え渇いている、と確信できるようになりました。そんな人々と向き合いながら、近頃の私は、冬になると寒いシベリアからあたたかな土地を求めて何千キロという空間を飛び続ける渡り鳥にその途中で羽を休めることができる「止まり木」が必要なように、私の存在も厳しい人生を歩んでいく人々の「止まり木」になっているのでは、と思うようになっています。

そんな私の歩みを、私は、神さまからの「召命であり、私の献身」であったと、明言する自信はありません。天国に行って、神さまの前に出たとき、「こんな歩みしかできませんでした。おゆるしください」と頭を下げるつもりでおります。

内藤留幸　…………………… 2012年12月号

岸本光子　…………………… 2014年10月号

齋藤友紀雄　……………… 書き下ろし

高原三枝　…………………… 2014年12月号

小嶋三義　…………………… 2011年11月号

堀川　樹　…………………… 2017年1月号

廣石　望　…………………… 書き下ろし

第三章

老田　信　…………………… 2011年1月号

田中文宏　…………………… 2012年10月号

三木メイ　…………………… 2009年3月号

井手口満　…………………… 2012年5月号

野口忠子　…………………… 2012年11月号

佐藤真史　…………………… 2013年4月号

陣内大蔵　…………………… 書き下ろし

矢田洋子　…………………… 2013年6月号

野田　沢　…………………… 2014年4月号

森言一郎　…………………… 2014年6月号

山口政隆　…………………… 2014年9月号

筒井昌司　…………………… 2015年7月号

明石義信　…………………… 2017年3月号

森　一弘　…………………… 書き下ろし

初出一覧

※下記の月号表記は日本キリスト教団出版局の月刊誌『信徒の友』
　の掲載号を意味します。
　掲載記事に加筆・修正をしています。

まえがき　……………… 書き下ろし

第一章

川上善子　……………… 2008 年 5 月号

福万広信　……………… 2009 年 11 月号

薛恩峰　……………… 2010 年 5 月号

立石真崇　……………… 2008 年 9 月号

大嶋重徳　……………… 2015 年 1 月号

瀧山喜与実　…………… 2016 年 10 月号

榎本　恵　……………… 2016 年 5 月号

第二章

酒井陽介　……………… 2008 年 8 月号

有住　航　……………… 2012 年 9 月号

竹村眞知子　…………… 2008 年 7 月号

澤田和夫　……………… 2012 年 2 月号

三河悠希子　…………… 2014 年 1 月号

あとがき

「あなたたちもぶどう園に行きなさい」（マタイ20・4）

本書の編集にあたりつつ、聖書に記されているさまざまな「召命」の物語を思い巡らしていました。「わたしが示す地に行きなさい」との声に、その地がどこにあるのかも分からないまま従ったアブラハム。装画にも選ばれた、モーセと燃える柴の奇跡。イザヤの唇に触れた炭火。「若者にすぎない」と怖《お》じけるも、「恐れるな」との声に召し出されるエレミヤ。キリストに呼ばれ彼の舟に乗った弟子たち。有名なカラヴァッジョの絵画に描かれた、収税人マタイを指差すキリストの姿。証のなかに、これらの場面をあげられた方もありました。今読み終えられたみなさんも、三十三人の召命と献身の物語に、このような光景を重ね合わせてこられたのではないかと思います。

そのなかで、とりわけ心に迫ってきた一つの御言葉を冒頭に記しました。マタイ20章の「ぶどう園のたとえ」にあります。このたとえ話に出てくるのはぶどう園の主人と、「何もしないで広場に立っている人々」です。一日のはじめであれ、夕暮れの時であれ、誰にも声をかけられずさまよう虚しさは変わりません。そんな人々に、主人は「あなたたちもぶどう園に行きなさい」と語りかけます。そして、最後に来た者にも最初に来た者にも、一日分の賃金を同じように支払います。

神は、私たちの虚しさも痛みもすべて受けとめ、ご自分のぶどう園に招いてくださいます。お一人お一人の証に、そんな神の愛を感じずにはいられませんでした。本書から明らかなように、神はさまざまなやり方で、さまざまな人・出来事をとおして私たちを招いておられます。すでに神のぶどう園で働いている方々、そしてこれからその呼ぶ声を聞き、応えようとされている方々と、本書をとおしてこの愛を分かち合えることを願っています。

神に呼ばれて、私たちはその声に応えます。いったい何と応答するのでしょうか。これらの証を味わうなかで、私は「主よ、用いてください」という声を聞いたように思います。

何も持たない手を神の前に差し出して、自分の力ではなくただ神に信頼してその招きに応えつづける、そのような人生がここにあるのです。

『信徒の友』連載の「神に呼ばれて」にご執筆くださり、転載を快く承諾してくださった方々、新たにご寄稿くださった方々にこの場をかりて御礼を申しあげます。また、本書の姉妹編と言える『神に呼ばれて　召命から献身へ』、『主の招く声が　召命から献身へ』もあわせて手にとっていただければと願います。

お一人お一人の生涯に刻まれた神の御業に思いをいたしつつ。

二〇一九年六月

日本キリスト教団出版局

主よ、用いてください

召命から献身へ

2019年6月24日　初版発行

著者　川上善子、福万広信、薛恩峰、立石真崇　他
発行　日本キリスト教団出版局
169-0051　東京都新宿区西早稲田2丁目3の18
電話・営業03（3204）0422　編集03（3204）0424
http://bp-uccj.jp

印刷・製本　河北印刷

ISBN978-4-8184-1036-7　C0016　日キ販
Printed in Japan